나를 들여다보는
마음수업

나를 들여다보는
마음수업

나를 인정하고 사랑하는 것은 마음치유의 시작입니다

이선이
(정신과 전문의)
지음

보아스 BOAZ

우리 인간은 태생적으로 아주 복잡하고 미묘한 존재입니다. 또한 우리는 수많은 감정들을 갖고 태어납니다. 더욱이 현대를 살아가는 우리를 둘러싼 환경은 복잡하고 변수가 많으며 시시각각 변화합니다. 그래서 우리는 누구나 온갖 스트레스에 직면하게 되고 하루에도 수많은 감정들을 겪으며 살고 있습니다.

특히 우리나라는 OECD(경제협력개발기구) 회원국 중 자살률이 1위에 이릅니다. 또 통계청 자료에 따르면 2010~2021년 자살사망자는 남성이 여성의 2배 이상이었고, 51.1%가 40~60대였다고 합니다. 각 연령대의 자살률은 감소 추세이지만 10~30대는 늘어나는 추세라고 합니다. 이러한 사회적 지표에도 불구하고 우리나라에서는 여전히 정신과 상담에 대한 부정적인 인식이 있습니다. 그나마 유명 연예인들이 언론을 통해 공황장애라는 정신과 질환을 앓고 있다고 고백하면서 공황장애가 잘 알려지게 되었지만, 아직까지도 정신과 질환에 대한 많은 편견과 오해가 존재하는 것이 사실입니다. 그러한 부정적 인식으로 인해 많은 사람이 자신의 마음이 병든지도 모른 채 방치해 정신적인 문제를 더 크게 키우는 원인이 되고 있으며, 조현병 환자가 살인을 하는 등의 사회적인 심각한 문제들이 일어나고 있습니다.

그러나 우리의 감정들과 마음을 들여다보고 인식하고 치유하는 것은 건강한 삶을 위해 매우 중요한 일입니다. 세계보건기구(WHO)에서는 건강에 대해 다음과 같이 정의를 내리고 있습니다.

"건강이란 단순히 질병이 없고 허약하지 않을 뿐만 아니라 육체적, 정신적, 사회적 및 영적 안녕이 역동적이며 완전한 상태다."

이를 통해 건강함이란 단지 육체적인 것에 국한된 것이 아니라 정신적, 사회적, 영적 안녕이 포함된다는 것을 알 수 있습니다. 다시 말해, 건강한 삶이란 육체와 정신, 사회생활이 조화를 이루는 상태입니다.

우리는 누구나 크고 작은 마음의 병을 갖고 있습니다. 마음의 병은 부끄러운 것이 아니라 신체가 있기에 감기를 앓듯이 우리 모두 감정을 갖고 있기에 누구나 겪을 수 있는 현상입니다. 그래서 우리가 그것을 어떻게 받아들이고 치유하느냐에 따라 자신을 알아가고 더 성숙한 사람이 되기 위한 성장의 문이 될 수 있습니다.

우리의 마음이 아픈 원인을 크게 나누어보면 우울감, 외로움, 집착, 분노, 거절감, 사랑에서 비롯됩니다. 이 책에 실린 각 에피소드들은 드문 사례가 아니라 정신과 전문의로서 자주 접하는 사례들을 뽑아 각색한 것입니다. 상담실을 찾아온 마음의 병을 앓고 있는 환자들의 이야기는 우리 마음의 한 부분이자 우리의 모습을 비추는 거울이기도 합니다.

또한 자신의 감정을 들여다보는 작업은 '진정한 자아'를 찾아가는 길이기도 합니다.

정신분석가 카를 융은 "진정한 자아를 찾아가는 길은 자신이 누구인지를 이해하고, 그것을 받아들이며 삶을 살아가는 것"이라고 말했습니다. 그는 또 우리의 무의식에는 우리가 인식하지 못하는 부분이 존재한다고 했습니다. 이것을 '그림자'라고 칭합니다. 그림자는 어둡고 적대적이며 심지어 혐오스럽기도 해서 의식의 나는 그것이 내 안에 있다는 것을 받아들이기 어려울 수 있습니다. 하지만 그런 그림자의 모습이 나에게도 있다는 것을 조금씩 인식하고 조심성 있게 받아들인다면 이를 통해 더 나은 인간으로 성장할 수 있음을 카를 융은 강조합니다.

또한 《지킬 앤 하이드》, 《보물섬》을 쓴 영국의 소설가이자 시인인 로버트 루이스 스티븐슨은 인간의 내면을 들여다보는 것에 관심이 많았는데, 그는 "세상이 좋아하라고 하는 것을 그대로 받아들이기보다 네가 무엇을 좋아하는지 아는 것이 네 영혼을 살아 있게 한다"라고 말했습니다.

우리는 인터넷과 스마트폰 그리고 SNS의 급속한 보급으로 인한 정보의 홍수 속에서 살아가고 있습니다. 그에 따라 피상적인 인간 교류와 잘못되고 얕은 정보의 손쉬운 확산 그리고 집단 이기주의로 인한 고통이 증가하고 있습니다. 많은 사람이 SNS에 올라오는 이미지나 짧은 글들에 '좋아요, 아니요'를 클릭하면서 자신의 감정과 생각을 표현할 뿐, 진짜 자신이 원하는 것이 무엇인지 심사숙고할 여유는 없는 것이 현실입니다. 그러한 삶과 환경이 우리의 마음의 병을 키우는 한 원인이 되기도 합니다.

　이 책에서는 자신의 감정을 들여다보고 자신이 진정 원하는 것이 무엇인지 생각해보는 시간을 갖도록 여러 가지 질문을 건네고 있습니다. 이 책을 통해 당신의 마음에 침잠해 있지만 잘 알지 못했던 감정들을 들여다보고 진정한 자신을 찾아가는 여정이 될 수 있기를 진심으로 바랍니다.

나를 들여다보는
마음수업

차례

제2장 _ 우울감

제1장

사랑

나 자신에 대한 존중 없이 이 세상을 살아가는 것은 너무 힘들다. 자존감은 내 스스로 느낄 수 있는 것이기에 다른 사람이 대신해줄 수도 없다. 자신의 내면을 들여다보면 다양한 모습이 나를 이루고 있을 것이다. 그러므로 다른 누군가와 비교할 것이 아니라 각자 자신만의 개성이나 특징을 살펴봐야 한다.

당신을 구성하는 것들, 보이는 것들 그 이상의 것, 이미 가지고 있었지만 그동안 보이지 않아 무시하고 존중해주지 않았던 것들을 찾아보자. 그것들을 찾아내고 존중하고 사랑하는 것이 바로 자존감이다.

사이버 세계의 나는 나인가?

우리 안에는 많은 자캐들이 살고 있다

————— 2020년 초 코로나 19가 세계를 강타하면서 우리의 생활은 이전과는 완전히 다른 모습으로 변했다. 밖에서의 활동은 제약되거나 금지되었고, 사람들은 실내에서만 활동하고 외부와의 접촉을 최소화하면서 지낼 수밖에 없었다. 그리고 학생들은 모두 인터넷으로 비대면 수업을 하게 되었고, 직장인들은 재택근무를 하면서 지냈다. 우리는 인터넷의 공간 속에서 다양한 활동을 하며 일상의 삶을 살아가게 된 것이다. 이것이 처음에는 불편하고 답답했지만, 한편으로는 오고 가는 시간을 단축하고 인터넷망이 연결되기만 하면 언제 어디서든 수업을 듣고 일을 할 수 있으니 편리함도

크게 증가했다. 그러나 피상적인 인간관계의 확산, 온라인을 이용한 범죄 등 또 다른 부작용들을 낳고 있는 것도 현실이다.

2017년 우리 사회에 엽기적인 살해사건이 발생했다. 바로 '8세 인천 초등생 살인사건'이다. 살해자는 17세 청소년이었고, 공범도 18세여서 많은 사람에게 충격을 안겨주었다. 이 둘은 인터넷상에서 하는 역할극 놀이에 빠져 있었는데 일명 '자캐(자작 캐릭터)' 활동을 열심히 했다. 이들은 트위터에서 만나 살인을 주제로 한 자캐 놀이에 빠져 있었다고 한다. 하지만 당시 대부분의 어른은 자캐가 무엇인지 알지 못했다. 그리고 정신과 전문의라도 소아청소년을 진료하지 않는다면 잘 알지 못했을 것이다. 그런데 이 끔찍한 사건을 통해 자캐 활동이 언론에서 공론화되었다. 문제는 '인천 초등생 살인사건'은 그 청소년들이 현실에서의 자신의 모습을 상실한 채 가상의 역할 놀이에 너무 빠져 가상의 자신과 동일시하고 극단적인 범죄까지 저지른 것이다. 그러나 이것은 분명 심각한 범죄이고 정신적으로 문제가 있음을 인식해야 한다.

나는 진료실로 찾아오는 환자들을 통해 그 이전부터 자캐 활동에 대해 알고 있었다. 처음에는 그들이 하는 말을 알아듣지 못했지만, 자캐 활동을 하는 학생을 많이 상담하게 되면서 호기심을 갖게 되었다.

"너도 자캐 하는구나. 너는 무슨 역할을 하니?"

내가 이렇게 말을 건네면 부모 손에 이끌려 어쩔 수 없이 정신과를 찾아와 따분한 기색으로 앉아 있던 학생이 눈을 크게 뜨고는 나를 쳐다본다. "쌤도 자캐를 아세요? 와 대박!"

그러면서 대화가 쉽게 이루어졌다. 나는 그들의 휴대폰에 저장된 자캐 이미지들을 같이 훑어보았다. 한 명당 자캐가 하나만 있는 사람도 있고, 보통은 2~3개, 그리고 많은 시간을 할애하는 학생들은 더 다양하게 갖고 있었다.

자캐 놀이는 2010년경 시작되어 10대들 사이에서 퍼지기 시작한 역할극 놀이다. 멤버는 2명에서 수십 명이 되기도 하며, 상황을 설정해서 배역을 연기하되 정해진 대사가 없이 각자 자유롭게 역할극을 함으로써 집단 창작으로 이어진다. 상황은 좋아하는 아이돌을 주인공으로 하는 배경으로 할 수도 있고, 추리극, 환상극, 좀비극, 연애 등 우리의 일상생활과 거의 차이가 없도록 진행된다. 문제는 자캐 놀이 자체는 문제가 되지 않지만, 학생들이 가상극에 지나치게 몰입해서 현실의 활동을 포기하거나 제약을 받는다는 것이다.

그렇다면 성인들은 자캐 활동을 하지 않을까? 그렇지 않다.

SNS가 활성화되면서 자캐까지는 아니더라도 성인들도 자신들의 계정을 여러 개 갖는 경우가 매우 많다. 그래서 진짜 자기모습으로 활동하는 계정, 사회적인 친목을 위해 만든 계정, 좀 더 원초적이고 본능적으로 가벼운 욕도 하고 시시한 이야기를 나누는 계정 등 자신의 취향에 맞게 다양하게 계정을 만들어 그에 맞는 역할을 한다.

그리고 디지털에 익숙하지 않은 어른들은 어떤가? 계정은 하나 밖에 없지만, 익명으로 댓글을 달기도 하고, 취미를 공유할 수 있는 카페활동을 하면서 자신의 성격을 다양하게 발달시키기도 하고, 혹은 연극동아리에 들어가 현실에서 할 수 없는 다양한 역할을 맡으면서 자신의 판타지를 만족시키기도 한다.

시대의 변화에 따른 우리 내면의 다면성을 이해할 수 있는 인식의 변화가 필요하다

————— 이처럼 세상은 이전과 많이 다른 환경으로 바뀌고 있다. 그래서 이제는 세대에 대한 이해와 변화에 대한 다양한 적응을 하는 것이 매우 중요하다. 부모들은 아이들이 인터넷상에서 현실적이지 않은 역할극에 빠져 있다는 것 자체를 잘 이해하지 못한다. 공부를 하지 않고 핸드폰을 쥐고 있으면 나쁜 것이고, 컴퓨터 앞에서 혼자서 웃으며 몰입하고 있으면 나쁘다고 생각한다. 그러나 실제로 친구를 만나서 대화를 나누는 것에 대해서는 불안해하지 않는다.

하지만 우리는 디지털 시대에 살고 있다. 과연 나란 무엇인가? 진짜 보고 만질 수 있는 게 나인가? 아니면 가상세계에서 만든 캐릭터가 나인가? 보수적인 입장이라면 오프라인에서의 만남과 그

곳에서 만들어지고 경험하는 것이 나를 만들고 실재하는 것이라고 말할 것이다. 그러나 정신과 의사로서 나는 실재의 만남과 실재의 나를 기본적으로 포함하고, 또한 가상에서의 만남과 가상의 나 또한 나를 구성하는 요소라고 말하고 싶다. 그리고 중요한 것은 앞으로는 실재의 만남보다 가상의 만남과 활동이 더 많이 나를 구성하게 될 것이라는 점이다.

우리는 코로나 이전과는 다른 코로나 이후의 새로운 세상에서 살고 있다. 그리고 우리 이후의 세대는 사람들과는 일정한 거리를 두는 것이 일상이 되며, 디지털을 통해서 하는 친교 모임이 더 자연스러운 삶이 될 수도 있다.

그렇게 된다면 언젠가는 정신과적 진단 기준이 바뀔 수도 있다. 대인관계기피증, 사회공포증은 더 이상 질병이 아닐지도 모른다. 오히려 지나치게 현실적인 대인관계만을 고집하는 대인관계노출증이나 현실사회집착증이라는 병명이 나올 수도 있지 않을까?

그래서 변화를 두려워하지 말고, 불편한 삶 속에서 의미를 발견하는 삶의 태도가 중요하다고 생각한다. 자녀가 엉뚱한 행동을 한다고 해서 무조건 잘못된 것이라고 다그치고 판단하기보다는 자녀가 왜 그런 행동을 하는지 관찰하고 공감하고 이해하려는 태도가 중요하다. 그리고 가상에서 보여주는 자녀의 모습이 오히려 내면의 숨겨진 진짜 모습일 가능성이 높으므로 가상의 모습을 더 살펴보고 존중하는 것이 중요해질 것이다. 가상의 모습을 바탕으로 해서 현실의 관계를 더욱 돈독하게 하고 풍성하게 발전시킬 수 있다면 디지털의 자캐는 서로를 이해할 수 있는 중요한 도구가 될 수 있다.

누군가를 이해하기 위해서, 혹은 내면의 숨어 있는 나 자신을 이해하기 위해서 자캐를 만들어보는 것은 어떨까? 그리고 그런 자캐는 몇 개까지 만들 수 있을지 생각해보는 것도 의미가 있다. 그러한 과정이 진정한 나 자신을 발견하고 더욱 발전시킬 수 있는 소중한 기회가 될 것이다.

내가 만들 수 있는 나 자신의 자캐를
가능한 대로 써보세요.

우리 마음을 치유하는
능동적인 사랑

일류 아버지의 기대에 미치지 못하는
평범하고 외로운 아들

———— "저는 한 번도 사랑이라는 감정을 느껴본 적이 없어요."

한 20대 청년이 진료실에 앉자마자 눈물을 흘리며 말했다. 사랑을 경험해본 적이 없다는 그의 말에 나는 당황스러웠다. 그는 물리학을 전공한 박사 부모님 밑에서 사랑을 받으며 자란 외동아들이었기 때문이다. 그의 부모님은 사회적으로 존경받는 부부였다.

나는 개인적으로 두 분이 얼마나 훌륭한 사람들인지 잘 알고 있었다. 두 분 모두 항상 이웃들에게 사랑을 실천했는데 그들은 월급의 상당 부분을 어려운 사람들을 위해서 기부했다. 또한 주말마다 봉사활동을 하는 데 시간과 노력을 아끼지 않는 사람들이었다. 그렇게 주변에 사랑을 나눠주는 부부의 아들이었던 그가 한 번도 사랑이라는 감정을 느껴본 적이 없다고 하니 이해할 수가 없었다.

나는 그 청년에게 물었다. "부모님이 ○○님을 사랑하는 게 느껴지지 않나요?"

그는 처음의 감정을 추스르면서 담담하게 말했다. "부모님은 내가 자식이니까 부모로서의 책임을 보여주신 것은 알아요. 저는 부족함 없이 자랐죠. 하지만 부모님이 날 사랑하셨는지는 잘 모르겠어요."

물리학도의 길을 가고 있었던 그의 어머니는 대학생 때 임신을 한 뒤 학업 중간에 결혼을 하게 되었다. 그의 아버지와 어머니는 대학을 졸업한 뒤에도 박사학위를 위해 오랜 시간 연구실에서 생활할 수밖에 없었다. 엄마의 품에서 일찍 분리된 그는 오랫동안 친할머니 손에서 자랐다.

어린 부부에게는 또 하나의 큰 장애가 있었다. 서로 사랑하고 원해서 결혼했지만, 부부가 넘어야 할 현실의 삶은 냉혹했다. 석사, 박사과정을 공부하는 동안 그들은 항상 생활비가 모자랐고, 경제적 상황이 여의치 않자 마음의 여유가 없었다. 서로 다른 환경에서 살아왔던 그들의 삶의 방식은 심한 갈등으로 이어져 결국 별거를 하게 되었고, 부모의 별거는 그가 초등학교에 입학하기 전까지 계속되었다.

"제가 어렸을 때 음식을 잘 삼키지 못했어요. 그래서 음식을 자주 거부했고, 억지로 먹는다고 하더라도 토하기 일쑤였죠. 그런데 그런 모습에 화가 난 아버지는 속옷만 입은 저를 대문 밖에 세워두셨어요."

그는 뭔가 답답한 듯 계속 이야기를 이어나갔다.

"어린 제가 있었지만 우리 부모님은 매일 싸우셨어요. 그런 모습이 진정 나를 사랑하는 모습이라고 생각할 수 있나요? 나를 정말 사랑했다면, 그리고 엄마 아빠가 서로 정말 사랑했다면 그런 일은 없어야 되는 것 아닌가요?"

가슴이 먹먹해진 그는 한동안 말이 없었다. 그의 아버지는 어린 아들에게는 아주 엄격해 늘 이렇게 훈계했다. "항상 최선을 다해야 하고, 최고가 되어야 한다."

그의 아버지는 전교 1등을 놓친 적이 없고 대학교도 수석으로 입학했다. 그런 아버지는 아들도 자신과 같은 사람이 되기를 바랐다. 아들에게 지나칠 정도로 모든 것을 아낌없이 지원해주는 대신 항상 최고의 결과를 원했다.

하지만 아들은 마음이 여리고 주변의 눈치를 많이 보는 편이었다. 또 외동아들이어서 유난히 외로움을 많이 탔던 그는 주변 사람들과 어울리는 것을 좋아했다. 그래서 그의 별명은 자연스레 '예스맨'이 되었다. 그는 거절하는 법이 없었고 마찰이 생기는 것을 싫어해서 웬만하면 양보하는 성격이었다. 아버지는 항상 그에게 최고가 되어야 한다고 했는데, 그는 학업 성적은 상위권이었지만 최고는 아니었다. 그런 그의 모습을 아버지는 절대로 인정하지 않았다.

'최고가 되어야 한다! 언제나 완벽해야 돼!' 그는 실수를 할 때면 언제나 아버지의 목소리가 머릿속에서 들리는 듯했고, 마치 차가운 대문 밖에 홀로 서 있는 느낌이 들었다.

그의 어머니는 밝고 에너지가 넘치는 분이었지만, 남편과의 재결합 후에는 웬만하면 남편의 의견을 따르려고 했다. 아들에게만은 유난히 엄하게 대하는 남편의 모습이 불편하기도 했지만, 남편의 권위를 세워줘야 한다는 생각에 결코 나서지 않았다. 다만 아버지에게 혼이 나고 풀이 죽어 있는 아들에게 "아빠가 너를 혼내신 것은 너가 잘되기를 바라는 마음 때문이야. 아버지를 네가 이해해야 한다"라고 타이를 뿐이었다.

20대 청년은 늘 외로웠다. 예스맨으로 통하며 주변 사람들과 잘 어울리긴 했지만 그 속에서도 그는 늘 고독했다. 자신의 마음을 진정으로 알아주는 사람이 한 명도 없는 것 같고, 만약 자신의 진짜 마음을 보여주면 그들이 멀리 도망갈 것 같았기 때문이다.

그는 나에게 치료받으러 오기 전 사랑의 갈증에 대해 스스로 해결책을 모색했다. 인간의 사랑은 한계가 있고 온전하지 않다는 시니컬한 판단과 함께 완전한 신의 사랑이라면 다를 것이라는 결론에 이른 것이다. 이 세상에서는 사랑을 찾을 수 없지만 강력한 존재인 신에게 매달리면 신은 무한한 사랑을 줄 것이라고 믿었다. 하지만 고등학교 때부터 지금까지 이어진 그의 처절한 매달림에 신은 아무런 응답이 없는 듯했고 그는 점차 지쳐갔다.

몇 차례 상담을 하다가 나는 그에게 물었다. "아버지와의 첫 기억이 뭐예요?"

그는 약간 미소를 띠며 말했다. "아마 5살 정도였던 것 같은데… 아빠 목말을 타고 아빠 머리카락 쥡던 모습이 떠올라요."

그러더니 "아~ 잊고 있었던 기억인데, 이런 기억도 있어요"라며 기억보따리를 풀어놓기 시작했다.

'아마 그게 아버지의 사랑이 아니었을까요?'라고 그에게 말하고 싶었지만, 그저 그의 이야기에 반응하고 웃어주며 그가 신나게 이야기하도록 내버려두었다. 그리고 나는 그에게 조언했다.

"누군가를 사랑해 보세요."

"어떻게요?"

"누군가가 다가오면 거절하지 말고, 누군가에게 다가가고 싶으면 두려워하지 말고 다가가세요."

사랑을 베푸는 순간 우리 마음은 치유를 얻는다

───── 사랑이라는 감정은 말로 설명할 수 있는 게 아니다. 그저 사랑을 해야 알 수 있다. 사랑하는 대상이 생겼을 때 내 의지와

상관없이 가슴이 뛰고, 설레고, 웃음이 나오다가도 슬프기도 하며, 같이 있고 싶고, 같이 있으면 행복해지는 것이 사랑이다. 하지만 여기서 설명한 사랑은 '수동적'인 사랑이다. 즉, 저절로 생기는 감정이며 그렇기에 우리 뇌의 화학적 작용이 사라지면 사랑의 감정은 금세 사그라든다.

사랑에 대한 고전으로 꼽히는 정신분석가 에리히 프롬의 저서 《사랑의 기술》을 보면, 그는 사랑의 '능동성'에 대해 말한다. 그는 사랑을 "참여하는 것(activity)"이라고 정의하며 "사랑의 능동적 속성에는 보호, 책임, 존경, 지식이 따른다"고 말했다.

'보호'는 어린아이에 대한 모성애에서 보이는 것처럼 자기가 사랑하는 대상에 대한 적극적 관심이다. '책임'은 상대방에 대한 정신적인 욕구를 배려하는 것이다. '존경'은 사랑하는 대상의 있는 그대로를 보며 개성을 존중해주는 것이다. '지식'은 사랑하는 사람의 더 깊은 내면을 알려고 하는 것, 즉 그의 입장에서 생각하는 것을 말한다.

위의 내담자의 부모를 비롯해 우리나라 부모들의 자녀에 대한 사랑을 에리히 프롬의 관점에 따라 이해해보면 '보호'와 '책임'은 있지만 '존경'과 '지식'이 부족한 듯하다. 이미 균형이 깨져버린 사랑은 일방적이고, 일방적인 사랑을 받는 대상은 자신이 사랑받는다고 느끼지 못하는 서글픈 상황이 펼쳐진다.

어쩌면 사랑이라는 감정은 인간에게 남기신 신의 흔적일지도 모른다. 베푸는 사랑을 통해 우리는 성스러운 사랑을 느낄 수 있다. 거리에서 죽어가는 유기견들을 치료해주고 입양해주는 사람들, 시리아 전쟁이 한창인 위태로운 곳에서 웃음을 잃어가는 아이들을 위해 어릿광대 분장을 하고 웃음을 선사하다 폭격에 맞아 숨진 자원봉사자 아나스 바샤, 아프리카 수단에서 말라리아와 콜레라로 죽어가던 원주민들을 위해 의술로 사랑을 베풀었던 고 이태석 신부의 삶 속에서 진짜 사랑의 모습을 발견하게 된다.

사랑을 모르겠다고 말했던 위의 20대 청년은 지치고 삭막한 마음을 이끌고 에티오피아 자원봉사를 떠났다. 잠시 현실을 잊고 낯선 환경에서 진짜 자신을 대면하고 싶다는 생각에서였다. 에티오피아의 수도 아디스아바바에서 머무르는 동안 그는 큰 충격을 받았다. 사람들은 견디기 힘든 무더위와 습도 속에서 식수시설이 없어 비포장도로의 진흙탕길 옆에 여기저기 고인 물을 양동이로 떠서 식수를 해결했다. 또한 단돈 몇십 원에 불과한 말라리아약이나 회충약이 없어 전염병에 걸려 죽는 영아들이 넘쳐났다.

그는 병원팀에 들어가 보건 지원과 아동 봉사를 맡았다. 하루는 양안이 심한 백내장으로 거의 앞을 볼 수 없는 중년 여성이 어린아이를 데리고 왔다. 의료팀은 하얗게 변해버린 그녀의 각막을 치료하려고 살펴보았지만, 그녀는 자신 말고 아들의 눈을 먼저 봐 달라고 사정사정했다. 사시로 태어난 아들이 불편한 눈으로 인해 학교도 다니지 못하고 글도 제대로 볼 수 없으니 아들을 도와달라고 애원했다.

의료팀이 볼 때 아들의 사시는 교정안경을 착용하는 것만으로도 해결할 수 있는 간단한 문제였지만, 백내장을 앓고 앞을 거의 볼 수 없는 그녀의 상태는 매우 심각한 것이었다. 그러나 그녀는 자신의 어려움을 뒤로한 채 아들을 향한 무한한 사랑을 보여주었다. 아동의 사시 교정은 학교지원팀의 문제로 병원지원팀이 나설 일은 아니었지만 그녀의 백내장 수술을 위해서는 아들의 사시 교정을 우선으로 할 수밖에 없었다.

결국 끈질긴 그녀의 요구로 양 지원팀이 협력해 아들도 교정안경을 통해 시력을 찾을 수 있게 되었고, 그녀도 백내장 수술을 통해 사랑하는 아들의 모습을 볼 수 있게 되었다.

사랑을 느껴본 적이 없다고 했던 청년은 지옥 같은 그곳에서 어머니의 사랑을 발견하게 되었다. 비록 자신은 평생 어둠 속에서 살며 사랑하는 아들을 볼 수 없을지라도 사랑하는 아들에게만은 세상의 빛을 보여주고 싶어 하는 어머니의 사랑이 그에게도 전해졌다. 그는 그때 '아마 우리 부모님도 나를 이렇게 사랑하고 계셨을지도 몰라'라는 생각이 들며 뜨거운 눈물이 흘러내렸다고 한다. 그러면서 마치 자신이 비뚤어진 사시로 한동안 살아오다가 에티오피아에서 새로운 교정안경을 선물로 얻은 기분이 들며 부모님의 깊은 사랑을 비로소 깨닫게 되었다고 말했다.

능동적인 사랑은 곧 치유다. 당신이 상처받고 외롭다면 당장 사람들에게 사랑을 나눠주자. 능동적인 사랑을 하면서 우리에게 일어나는 사랑의 기쁨을 느끼는 순간 당신은 스스로 치유받음을 느낄 것이다.

신체와 정서를 자라게 하는
어머니의 사랑

시도 때도 없이 햇빛을 외치는 50대 다운증후군 딸

──────── 전공의 시절 한 50대 중반의 다운증후군 입원환자를
만나게 되었다.

그녀의 어머니는 조심스레 말을 꺼냈다. "딸이 밤마다 아주 큰
소리로 햇빛이라고 소리를 질러요. 동네사람들이 잠을 못 잘 정도
죠. 주민들이 수차례 민원을 넣어서 경찰도 저희 집을 왔다 갔어요.
아무리 타이르고 화를 내도 전혀 소용이 없어요. 어쩔 수 없이 정신
병원까지 오게 되었습니다."

70세가 넘은 그녀의 어머니는 아주 예의 바르게 몇 번이나 허리
를 굽히며 딸을 잘 부탁한다고 거듭 부탁을 하고 상담실을 나가셨다.

50대의 그녀의 첫인상은 매우 인상 깊었다. 마치 어린 꼬마가 금방 엄마와 헤어진 듯 불안한 모습이었다. 언뜻 보기에 그녀는 다운증후군이 있는 사람들의 전형적인 외모 덕분에 제 나이보다 어려 보였지만, 유심히 살펴보면 짧게 자른 머리카락 사이사이로 흰머리들이 나 있었고, 얼굴에는 주름이 잡혀 있었다. 그녀는 익숙한 집과 전혀 다른 입원실에 들어서자 당황하고 놀란 기색을 감추지 못했다. 그러고는 마치 어린아이처럼 엉엉 소리 내어 울었다. "집에 보내줘, 햇빛! 햇빛!"

　그녀가 입원한 뒤 그녀와 같은 방을 쓰는 다른 환자들은 불면증에 걸렸다. 그녀가 밤새 자지 않고 침대 위에 올라가 화가 난 듯이 뛰면서 "햇빛! 햇빛!"이라고 외쳤기 때문이다. 다른 환자들의 건강 상태도 고려해야 했기에 며칠간 그녀를 1인실로 격리하고 신경안정제 주사를 놓아 잠을 자게 할 수밖에 없었다.

　그녀와 일상적인 대화도 쉽지 않았다. 눈도 잘 맞추지 않았고, "밥은 맛있게 먹었어요?"와 같은 지극히 간단한 질문에만 "맛있어요"라고 간단하게 대답할 뿐이었다.

　특이한 점은 그녀는 낮에는 기분이 그런대로 괜찮았다. 그녀는 빛이 들어오는 환한 휴게실에 앉아 텔레비전 보는 것을 좋아했다. 그러다가 어느새 밤이 되면 즐거웠던 기분은 금세 침울해지고, 여느 때와 마찬가지로 어둠 속에서 "햇빛! 햇빛!"이라고 소리치면서 엉엉 울었다.

나는 그녀에게 말했다. "밤에는 해가 없어요. 낮에만 해를 볼 수 있어요. 그러니까 지금은 해가 없는 어두운 밤이니까 잠을 자야 해요."

초등학교 과학 시간에나 나올 법한 이야기를 그녀에게 해줘도 아무 소용이 없었다. 그녀는 여전히 "햇빛!"이라고 외쳤다.

우울증약과 수면제를 쓰면서 그녀의 불면증과 불안정한 모습의 빈도는 줄어들었지만, 나는 그녀가 왜 그토록 햇빛에 집착하는지 과연 그녀에게 햇빛이 무슨 의미가 있는지 궁금해지기 시작했다. 나는 스케치북과 크레파스를 가지고 그녀와 그림을 그리기 시작했다. 그녀는 호기심 어린 눈으로 노란색 크레파스를 쥐더니 곧 태양을 그리기 시작했다. 스케치북을 가득 채울 정도로 태양을 여러 번 그렸다. 그리고 신이 난 그녀는 이어서 엄마를 태양 바로 밑에 그려넣었다.

나는 비로소 그녀에게서 태양이 어떤 의미인지를 깨달을 수 있었다. 그다음 날 그녀의 어머니를 불러 상담을 했다. 그리고 어머니와 딸 사이에 있었던 이야기를 듣게 되었다. 첫아이를 출산한 뒤 우울증이 있었던 어머니는 계획에도 없던 둘째 아이를 바로 임신하게 되었다. 둘째가 바로 그녀였다. 그녀가 태어난 날은 엄마의 마음이 무너진 날이었다. 여느 아이들과 다른 생김새로 태어났기 때문에 딸이 장애가 있다는 것을 한눈에 알 수 있었고, 그날 이후로 장애아를 둔 어머니로 살아가야만 했다.

건강하게 잘 자란 첫째는 변호사가 되어 어머니의 기쁨이자 찬란한 밝음이 되었다. 하지만 그녀는 찬란한 밝음과 대조되는 어머니의 그늘이 되었다. 정규교육을 제대로 따라갈 수 없었던 그녀는 초등학교 졸업 이후 집에서 지냈고 어머니는 그녀에게 숫자도 가르치고, 한글도 가르치며 직접 교육을 시켰다. 그래서 그녀는 어머니의 손길 없이는 제대로 할 수 있는 게 없었다. 하지만 오랜 시간이 흘러 어머니도 늙고, 그녀도 늙었다. 어머니는 어느덧 죽음을 바라보는 나이가 되었고, 늙은 딸은 여전히 아무것도 할 수 없는 어린아이로 남아 있었다.

어머니는 자신이 죽은 뒤 딸이 홀로 남게 될 것에 대해 점점 불안감과 죄책감을 느끼기 시작했고, 점차 딸을 바라보는 것도, 스킨십을 하는 것도 부담스러워 거리를 두기 시작했다. 그리고 나서 얼마 후부터 그녀는 밤마다 "햇빛!"이라고 소리치며 통곡을 한 것이다. 아무것도 모를 것 같았던 늙은 딸 또한 어머니의 불안감을 느끼기 시작했는지 모른다.

어머니는 이와 같은 이야기를 하며 눈물을 쏟으셨다. "저는 부모 자격도 없어요. 부끄러워서 둘째를 집 밖에 제대로 데리고 다니지 못하고 늘 집 안에서 지내게 했어요."

나는 울고 있는 어머니를 위로하며 말했다. "아니에요, 어머니. 여태까지 다른 복지기관이나 도우미의 도움이 없이 따님이 건강하게 살아올 수 있었던 것은 어머니의 지극한 사랑 덕분이에요."

일반적으로 다운증후군이 있는 환자들은 여러 가지 합병증을 동반하기에 기대수명이 일반인보다 짧은 것으로 알려져 있다. 하지만 다운증후군인 그녀가 50세가 넘도록 큰 내과적 질병 없이 살아온 것만으로도 어머니의 정성스런 돌봄과 관리가 있었다는 것을 충분히 알 수 있었다.

그 이후 나는 어머니와 딸의 정기적 만남을 주선했다. 일주일에 두 번 상담실에서 엄마와 딸이 편안하게 대화도 하고 여러 가지 장난감이나 보드 게임들을 가지고 재미있게 놀 수 있도록 했다. 어머니는 올 때는 딸이 좋아하는 반찬을 싸오셨고, 딸과 이런저런 이야기를 나누며 스킨십을 하고는 하셨다.

마침내 딸은 더 이상 햇빛이라고 외치지 않았다. 그리고 그녀는 어머니의 찬란한 사랑 속에서 퇴원을 했다.

아이의 마음을 자라게 하는 태양은
바로 어머니의 사랑

———— 태양의 상징적인 의미는 강력한 힘, 생명의 원천, 어머니를 의미한다. 정신분석치료를 할 때 치료자는 환자의 무의식을 다뤄야 한다. 하지만 환자의 무의식은 쉽게 의식화되지 않고, 환자 스스로 깨닫기도 어렵다. 무의식의 일부분을 엿볼 수 있는 단서는

꿈속의 이미지, 연상되는 단어, 그림, 반복되는 말실수, 갑작스런 감정의 폭발 등이다. 그녀가 밤마다 소리쳤던 '햇빛'은 바로 '엄마'를 의미하고, 그녀는 밤마다 엄마의 사랑을 찾았는지도 모른다. '해는 낮에 뜨고 밤에 진다'는 당연한 진실이 그녀에게는 통하지 않았다. 그녀에게 해는 낮에도 있고, 밤에도 있어야 하는 존재인 것이다. 비합리적이고 무심코 지나칠 수 있는 그녀의 외침 속에는 어머니의 사랑을 갈구하는 너무나도 분명한 메시지가 있었다.

영국의 정신분석가 존 볼비는 애착이론의 선구자로, '애착'이란 아이와 보호자, 주로 엄마와의 사이에 형성되는 감정적 느낌으로 타고난 생물학적 기능이라고 말했다. 볼비는 보호자의 태도에 따라 아이의 애착행동이 달라질 수 있는데, 엄마가 아이의 요구를 잘 알고 만족스럽게 반응해주면 아이는 불안을 덜 느끼고 안전감, 행복감을 느낀다고 설명했다.

또한 애착이론을 대표하는 연구로 해리 할로우와 레네 스피츠의 연구가 있다.

미국의 심리학자인 해리 할로우는 갓 태어난 새끼 원숭이들을 바로 어미와 분리시켜 양육을 했더니 새끼 원숭이들은 사회성을 배우지 못하고, 교미를 하지 못한다는 사실을 발견했다. 그리고 새끼 원숭이들은 충분한 영양을 공급해주는 철사로 만든 가짜 어미 원숭이보다는 우유는 줄 수 없지만 따뜻한 털옷을 입은 가짜 어미 원숭이에 안겨 대부분의 시간을 보내는 것을 볼 수 있었다. 즉, 새끼 원숭이들은 접촉을 통한 심리적 안정감을 원한 것이다. 또 실제의 어미 원숭이와 유대관계를 가진 뒤에 새끼 원숭이를 분리하자, 새끼 원숭이는 항의하거나 절망하는 단계를 거친 뒤 무기력한 상태에 빠져들더니 한곳을 멍하게 응시하거나 자해의 행동을 보이기도 했다고 한다.

정신분석가 레네 스피츠는 고아원이나 수용소에 남겨진 유아들을 연구 관찰했다. 그의 연구에 따르면, 시설 아이들은 정상적 가정에서 자란 아이들에 비해서 시각적 협응 능력과 운동능력이 떨어지고, 2년이 지난 뒤에는 시설 아동의 3분의 1이 죽고, 4살이 될 때 겨우 몇 명만이 걷고 설 수 있었다고 한다. 그는 유아의 신체적 발달뿐 아니라 정서적 발달을 위해서는 어머니와 같은 지속적으로 돌봐줄 수 있는 양육대상이 반드시 필요하다고 주장했다.

연구를 통해서도 알 수 있듯이, 아이가 스스로 자아를 인지하고 성장하기 위해서는 어머니의 사랑이 필요하다.

생명의 근원이자 만물이 성장하게 만드는 태양, 그것은 바로 어머니의 사랑이다.

사랑의 정신적 의미

1년 만에 이혼을 한 30대 여성

──────── 우리는 가끔 첫눈에 사랑에 빠진 사람들을 보고는 한다. 그리고 많은 사람이 그러한 사랑을 꿈꾼다. 하지만 첫눈에 반한다는 느낌은 누구나 경험하는 것이 아니다. 첫눈에 반하는 것은 아주 강한 감정에 사로잡히는 것을 말한다. 그리고 강한 감정이 동반된다는 것은 우리의 무의식과 깊이 연관되어 있다.

사실 첫눈에 반했을 때 상대의 모습은 현실적이고 객관적인 그의 모습 그대로가 아니다. 남성은 상대 여성을 현실적인 그녀의 모습이 아닌 자신의 무의식에서 투사된 이상적인 여신으로 바라본다. 여성 또한 상대 남성을 현실적인 모습이 아닌 이상적인 영웅으로 바라본다.

카를 융은 이에 대해 남성의 무의식 속에 있는 여성적 내적 인격을 아니마(anima), 여성의 무의식 속에 있는 남성적 내적 인격을 아니무스(animus)라고 칭하였고, 이런 내적 인격들이 상대방에게 투사될 때 첫눈에 반하는 강렬하고도 황홀한 경험을 겪게 된다고 설명했다.

하지만 첫눈에 반하는 것처럼 무의식에 사로잡혀 있는 것은 자칫 위험할 수 있다. 강렬한 감정은 그리 오래 가지 않는다. 강한 감정의 쓰나미가 사라지고 나면 상대방에 대한 객관적이고 현실적인 요소들이 인지되기 시작한다. 그래서 처음 가졌던 상대방에 대한 인상을 다시 재수정하고 발전시킬 때 상대방과 진실한 사랑의 관계가 시작될 수 있다.

하지만 자신의 무의식적 내적 인격이 투사된 줄 모른 채 상대방의 객관적 모습들을 드디어 깨닫게 되면 대부분은 처음과 달리 상대방의 행동이 변했다고 생각하며 상대를 원망하고 질책한다. 그렇게 되면 관계는 어긋나기 시작하고 갈등이 심해지고, 그것이 지속되면 헤어지게 되는 것이다. 사실 따져보면 상대방이 달라졌다기보다는 상대방을 바라보는 나의 감정이 달라진 것이다.

한번은 30대 중반의 여성이 우울감, 무기력감으로 병원을 찾아왔다. 두 달 전 급작스런 이혼으로 말미암아 자살 시도를 하고 난 이후였다. 이혼의 원인은 남편의 외도였다. 쫓아다니며 결혼하자고 매달렸던 남편이 결혼한 지 일 년도 안 되어 외도를 했다는 사실을 그녀는 용납할 수가 없었다.

그녀는 남편과 모임에서 처음 만났는데, 참석한 많은 사람 중에서 유난히 그와 눈이 자주 마주쳤다. 몇 번의 어색한 눈웃음 뒤에 서로 이름을 소개하고 이야기를 나누기 시작했다. 그녀는 자신과 상당히 나이 차이가 있는 그가 처음에는 부담스럽다고 생각했지만, 유머러스하며 상대방을 섬세하게 배려하는 그의 모습에 강하게 끌렸다. 그도 처음 만날 때부터 그녀에게 끌려 몇 번의 데이트 후에 그녀에게 청혼을 했고, 그들은 만난 지 4개월 만에 결혼을 했다. 그녀의 독단적이고 급작스런 결혼 결정은 부모로부터 환영을 받지 못했지만, 그녀는 집으로부터 탈출하고 싶은 마음과 잘 사는 모습을 보여주면 된다는 생각에 고집을 꺾지 않고 결혼을 선택했다.

친절하고 자상한 남편 주위에는 항상 사람이 많았다. 그래서 남편의 전화기는 친구들의 메시지로 조용할 날이 없었고, 남편은 자신의 취미생활도 중요하다며 그녀를 혼자 남겨두고 주말에도 친목 모임에 참석하느라 바빴다. 그런 남편의 행동에 그녀는 갈수록 불만이 쌓여갔지만, 남편은 모임이 없는 날에는 그녀를 위해서 맛있는 요리를 해주거나 로맨틱한 여행을 제공했기 때문에 그녀의 속상한 마음은 이내 풀어지곤 했다.

그러던 어느 날 남편이 잠시 자리를 비운 사이 남편의 울려대는 핸드폰을 보다가 뜻밖의 메시지로 그의 외도 사실을 알게 되었다.

그렇게 다정하고 자상했던 남편은 아내의 추궁에 입을 닫아버렸다. 그리고 얼마 후 남편으로부터 이혼해달라는 통보를 받게 된 것이다.

"어떻게 나한테 이럴 수 있어요! 이혼이 무슨 장난이에요?"라고 울며 매달리는 그녀에게 남편은 이렇게 말했다.

"나 원래 그런 놈이야. 원래 독신으로 살려고 했는데 결혼이라는 것은 나한테 어울리지가 않아. 너에게 정착할 수가 없어!"

보통은 외도 사실이 밝혀지면 잘못한 배우자가 용서를 빌게 마련이지만, 너무나 뻔뻔스러운 데다 여태까지 알아왔던 남편의 이미지와 정반대의 모습을 보자 그녀는 혼란스럽기 시작했다.

그녀는 남편에 대한 미움, 복수심, 그리고 남편의 외도로 무너져버린 자존심, 남편의 진짜 모습을 몰랐던 자신의 무지, 친정부모에 대한 죄책감 등이 한꺼번에 밀려들면서 주체할 수 없어 자살을 시도하게 된 것이었다.

그녀는 나와 상담을 하는 몇 개월 내내 이혼의 상처에서 벗어나지 못했다. 매일 밤마다 악몽을 꾸다가 새벽에 깬다고 토로했다.

"악몽의 내용이 구체적으로 어떻게 되나요?"

"반복해서 꾸는 꿈이 있어요. 나는 사막 한가운데서 그를 기다리고 있어요. 그는 세련된 세단을 몰고 나타나요. 하지만 저를 보고서도 차에서 내리지 않죠. 차에는 그의 친구들이 타고 있고 파티를 하는 듯이 신나 보여요. 그리고 잠시 멈추는 듯하다가 나를 사막에 세

워둔 채 다시 떠나버려요."

"꿈에서 어떤 게 연상되세요?"

그녀는 한참 고민을 하다가 "사막에 홀로 남아 있는 느낌은… 아버지가 생각나네요"라고 말하더니 갑자기 어린아이처럼 서럽게 울기 시작했다.

외과 의사였던 그녀의 아버지는 항상 병원일 때문에 바빴다. 그녀는 아버지가 야간 당직 후 집에 들어오는 소리가 들리면 자다가도 깨서 달려가 아버지의 무등을 탈 정도로 아버지에 대한 애착이 강했다. 하루 종일 옆에 붙어 과잉보호하는 엄마보다 짧은 시간이지만 아버지와 나누는 교감이 더 행복하고 편안했다.

한번은 그녀가 유치원에서 연극 주인공을 맡게 되어 아버지에게 연극을 꼭 보러 와야 한다고 신신당부를 했다. 연극 당일 아버지는 알겠다고 고개를 끄덕이고 집 밖을 나섰지만, 결국 아버지는 나타나지 않았고 그녀는 엉엉 우느라 연극을 망쳤다. 그날 밤 아버지는 딸의 슬픔을 아는지 모르는지 만취가 되어 집에 들어왔다. 여전히 해맑은 표정으로 딸의 이름을 불렀지만 그 이후로 그녀가 아버지 어깨에 올라타는 일은 없었다. 그리고 성인이 된 지금까지도 그때의 기억이 자주 떠오르며 그때 받았던 상처가 생생하게 느껴져 서럽게 울게 된다고 말했다.

성인이 된 그녀는 나이 차이가 제법 있는 남자들에게 끌렸다. 또래 남자들은 어쩐지 유치하고 미숙하게만 느껴져서 끌리는 감정이

들지 않았지만 나이 차이가 나는 남성들은 의젓하고 성숙하며 배려심이 느껴져 더 매력적으로 보였다.

그녀는 사실 마음속에 늘 존재하고 있었던 이상적 아버지의 상을 남자친구를 통해 현실화하고 싶었는지도 모른다. 그토록 사랑을 갈구했던 현실의 아버지는 그녀의 기대를 채워줄 수 없었고 그녀에게 결핍으로 남아 있던 아버지의 사랑을 현실의 남자친구를 통해 보상받고 싶었던 것이다. 그녀가 첫눈에 반했던 남편도 사실은 내면에 존재하는 이상적 아버지 상을 투사해서 본 것일 뿐 그의 진짜 모습은 그녀에게 가려졌을 수도 있다. 나이가 많다는 이유로 성숙하게 보였던 남편이라는 사람은 어쩌면 모든 사람에게 친절하고 잘 대해줌으로써 자신이 필요한 사람이라는 사실을 확인하고 싶었을 뿐, 한 여자의 남편, 한 가정의 가장으로서의 책임감은 불편하고 두려운 것으로 느꼈을 수도 있다.

내 마음에 따라 현상은 분명 다르게 해석될 수 있다

──────── 정신분석 용어 중에 '전이(transference)'라는 것이 있다. 전이란 사람과의 관계에서 상대에 대한 반응에 영향을 주는 무의식적 요소를 말한다. 즉, 어린 시절 부모나 다른 중요한 인물에게서 느꼈던 감정을 자기도 모르게 상대에게 옮겨서 체험하는 현상을

말한다. 좋았던 사람에게 느낀 것을 옮겨 상대를 좋게 생각하는 것을 '긍정적 전이(positive transference)', 싫었던 감정을 전이해 이유 없이 상대를 미워하는 것을 '부정적 전이(negative transference)'라고 한다.

첫눈에 반하는 감정도 '전이'로 설명할 수 있다. 첫눈에 누군가에게 사랑에 빠지는 것도 긍정적 전이의 영향일 수 있다. 즉, 어린 시절 누군가와 소중한 관계를 맺었던 사람들은 그 대상과 유사한 느낌이 들거나 유사한 조건의 대상을 만나면 무의식적으로 긍정적인 느낌이 강하게 들면서 사랑한다는 느낌을 갖게 되는 것이다.

반면, 처음 보는 사람인데도 유난히 그 사람이 거슬리고 대면하기 싫어지고 피하고 싶어진다면 이는 부정적 전이의 영향이다. 즉, 이전에 맺었던 부정적 대상으로부터 받았던 감정들 때문에 그와 유사한 대상이 나타나기만 해도 왠지 불편하고 싫어지는 것이다. 예를 들어 어린 시절 아버지에게 학대를 받았던 여성이 지금은 중년이 됐음에도 중년 남성들에게 이유 없는 불안과 두려움을 느낀다면 이는 부정적 전이의 결과다.

이렇듯 전이는 무의식적으로 일어나기 때문에 사람들과 맺는 관계 속에서 자신도 모르게 우리의 행동과 판단에 많은 영향을 준다.

위의 30대 여성 내담자도 자신의 무의식적 작용과 흐름에 대해 살펴보지 않다가 이혼이라는 삶의 절망에 부닥치고 나서 상담을 통해 자신의 내면을 들여다보기 시작했다. 그녀는 유치원 연극잔치 이후로 아버지와의 관계가 불편해지기 시작했다. 여전히 아버지를 사랑했지만 아버지가 집에 들어오면 자기 방으로 들어가 나오지 않았다. 밖에서는 친구들에게 사회에서 존경받는 아버지 자랑을 은근히 했지만, 정작 집에 와서는 아버지의 작은 간섭에도 발끈하며 화를 내기 일쑤였다. 그녀는 속으로 아버지는 자신을 이해하지 못하는 이기적인 위선자라고 생각했다.

하지만 그녀에게는 유치원 연극잔치 이후에도 아버지에 대한 긍정적 기억이 많이 있었다. 그래서 자신의 왜곡된 기억들을 객관적으로 들여다보기 시작했다. 그녀는 거리를 두고 자신의 모습을 살펴보면서 비로소 아버지의 태도와 입장을 이해하게 되었고, 부모는 한없는 사랑을 자식에게 주어야 한다고 생각하면서도 정작 자식인 자신은 애정을 아버지에게 제대로 표현한 적이 없음을 깨닫게 되었다. 그녀는 결혼할 때는 답답한 집을 떠나고 싶은 마음뿐이었지만, 이제는 부모님이 계시는 그 집을 무척 그리워하고 있다는 사실을 알게 되었다.

몇 개월의 상담 이후로 그녀는 매주 부모님과 주말을 같이 보내면서 그들과 다투지 않고 편안하게 시간을 보내기 시작했다. 그녀의 무의식적인 소망은 이상적인 배우자를 만나 이상적인 가정을 이루는 것이었지만, 지금의 그녀는 자신의 가족이 부족한 점도 많고 서로 다투기도 하지만 마음의 안식처이자 평안이라는 것을 깨닫기 시작했다. 그녀에게 이혼은 한때 사회적 낙인이 되어 자포자기하게 만드는 삶의 절망이었지만, 그녀는 이혼을 통해 오히려 고난을 감당하는 마음의 근육을 기르고 예전과 다른 가치관과 시선으로 세상을 살아가게 됨으로써 스스로 얼마나 많은 편견으로 자신을 구속하고 있었는지 깨닫는 계기가 되었다.

프로이트는 "의식은 물 위에 떠 있는 눈에 보이는 빙산의 일각이고, 무의식은 물 아래에 있는 어마어마한 빙산과도 같다"고 말했다.

의식과 무의식의 크기를 제한한 프로이트와 달리 카를 융은 무의식의 크기에 어떠한 제약을 두지 않았다. 그에 의하면 무의식이란 우리가 가지고 있으면서 아직 모르고 있는 우리 정신의 모든 것이다. 무의식은 샘물과 같은 것으로 거기에는 무한한 가능성으로 향하는 에너지가 저장되어 있으며, 생명의 원천이며 창조적 가능성을 지닌 것이다. 그는 무의식을 의식화하는 작업을 통해 무의식이지닌 지향적 의미를 찾는 것이 중요하다고 지적했다.

내 주변 환경은 달라진 게 없는데 내 마음에 따라 환경이 다르게 받아들여지고, 우리는 그걸 사실로 믿고 기억하고 있다. 그리고 반대로 생각해보면 내 주변 환경은 이미 많이 달라지고, 나 자신도 성장했음에도 내 인식과 마음이 바뀌지 않으면 나를 둘러싼 환경은 그대로일 것이다.

만약 현재까지도 당신을 지배하고 괴롭히는 부정적 기억이 많이 있다면, 그 기억들은 사진이 아니고 변형된 사진이다. 하지만 반대로 당신을 지배하고 지탱해주는 아름답고 행복한 기억이 있다면 그것도 변형된 사진이다. 긍정적 기억이든, 부정적 기억이든 그 기억 속에서는 무의식을 통해 매직이 일어난 것이다. 그리고 그러한 매직은 살아가는 동안 평생 일어날 것이다.

있는 그대로의 나를 사랑하기

학창 시절 왕따를 당해서 자존감을 잃어버린 남자

──────── 하루는 한 내담자가 매우 피곤하고 지친 모습으로 상담실 자리에 앉으며 말했다.

"어휴~ 병원 오는 길이 왜 이렇게 힘든지 모르겠어요. 지하철 타고 오는 내내 너무 힘들었어요. 다 처음 보는 사람들인데 하나같이 나를 쳐다보는 것 같아서요. 그래서 땅만 쳐다보며 왔어요."

그는 이미 오래전부터 우울증으로 집과 가까운 거리의 병원에서 약물치료를 해왔다. 하지만 약물치료만으로는 상처받은 자존감은 회복되지 않았고 충동적으로 올라오는 자살충동을 스스로 제어할 수가 없었다. 그는 이전 병원의 주치의 소개로 나에게 찾아왔지만 집과 거리가 꽤 먼 우리 병원의 위치가 그에게는 상담시간에 올 때마다 넘어야 하는 장애물이었다.

그는 중학생 때 은따(은밀한 따돌림)를 당했다. 수학을 또래보다 잘했던 그는 각종 대회에 나가 상을 휩쓸면서 선생님들에게는 인정과 사랑을 받았지만, 학교 친구들에게는 재수 없다는 이유로 따돌림을 당했다. 그는 수학 성적보다는 친구를 선택하고 싶었지만, 받은 점수만큼 사랑해주는 부모님의 인정도 포기하는 것이 쉽지 않았다. 그 후로 그는 수학 공부는 적당히 하면서 남들보다 튀지 않으려고 몹시 애를 썼다. 튀면 사람들이 싫어한다는 인식이 그의 뇌리에 깊이 박혀 있었던 것이다.

그는 울컥하며 자신의 심정을 털어놓았다. "어렸을 때부터 눈에 띄지 않는 들꽃이 되고 싶었어요. 많은 사람의 눈에 띄어 관심을 받는 것조차 너무 힘들고, 그들의 쉴 새 없는 평가에 마치 내 몸이 밟혀 죽는 것처럼 괴로웠어요. 차라리 외진 담벼락 아래에 핀 들꽃이 되면 누군가의 시기 어린 시선도 받을 필요가 없고, 누군가의 구두굽에 밟힐 필요도 없으니 더 편안할 것 같았으니까요."

그의 말이 진심으로 이해가 되었다. 우리는 그만하면 됐다가 아니라 더 잘해야 하는 세상에서 살고 있다. 비교당하지 않고 살고 싶어도 그렇게 살기는 결코 쉽지 않다. 학교에서, 직장에서 늘 경쟁해야 하고 사회가 정해 놓은 기준에 이르지 못하면 실패자 취급을 받는다. 가족조차도 우리의 있는 모습 그대로 인정해주고 사랑해주지 않는다.

프란츠 카프카의 소설 《변신》은 우리 자신의 존재에 대해 한번 돌아보게 한다.

주인공 그레고르 잠자는 가족의 생계를 책임지는 평범한 영업사원이었는데 어느 날 자고 일어나니 거대하고 징그러운 벌레로 변한 자신의 모습을 발견한다. 그의 가족은 하루아침에 바뀐 그의 모습에 놀라 질겁을 하고 그를 방으로 몰아 감금한다. 벌레처럼 행동할 수밖에 없는 그레고르는 방 안에서 무료하게 하루하루 보내게 되고, 가족들도 그레고르에게 음식을 가져다주거나 그의 방 청소를 해주면서 일단 현실을 받아들인다.

하지만 선의를 가지고 가족에게 다가가는 그레고르의 행동은 가족의 눈에는 단순히 벌레의 위협적인 행동으로밖에 비치지 않는다. 한번은 밖으로 기어나온 그의 모습을 보고 어머니가 놀라 기절을 하자 화가 난 아버지가 그레고르를 향해 사과를 던지고, 그 사과가 그레고르의 등에 박히면서 깊은 상처를 입게 된다. 가족은 더 이상 도움이 되지 않는 그레고르를 버리기로 합의하고 그레고르는 변해버린 가족의 모습을 보면서 죽음을 선택한다. 가족은 가사도우미를 통해 그레고르의 시체를 완전히 치운 뒤 미래에 대한 희망을 이야기하며 이사를 간다.

카프카는 이 소설을 통해 우리 인간의 실존성에 대한 물음을 던진다. 주인공 그레고르의 외형은 인간의 모습에서 극단적으로 벌레의 모습으로 변하게 되었지만, 끊임없이 독백하며 느끼고 생각하는 벌레 그레고르의 모습은 누구보다 인간적이다. 인간의 모습일 때 하루하루 처절하게 일해서 가족들에게 돈을 제공해야만 하는 그의 모습이 오히려 일하는 벌레처럼 보인다. 특히 카프카는 가족의 대비적인 모습을 통해 주인공의 불안정하고 외로운 심리상태를 더 부각한다. 그의 가족은 그레고르의 내면의 본질적인 면을 살피기보다는 그의 변신한 외모에 초점을 맞추거나 더 이상 돈을 벌 수 없는 그의 능력에 가치를 두어 그를 버리기로 결정한다.

이는 카프카 자신의 자전적 소설로, 아버지에 대한 부정적인 콤플렉스가 있었던 자신의 복잡한 내면을 그레고르의 독백에 옮겨놓은 것처럼 보인다. 눈에 띄지 않는 들꽃이 되고 싶다고 이야기한 위의 내담자의 마음처럼 카프카도 외적인 조건으로 자신의 존재를 판단하는 외부세계를 향해 인간의 본질을 보라고 외치고 있는 것이다.

자존감이란 무엇인가?

──────── 앞에서 이야기한 내담자가 우울감과 불행감을 호소하게 된 데는 결정적으로 왕따의 경험이 있었다. 왕따란 '쉽게 방어하기 어려운 사람을 대상으로 한 반복적이고 공격적인 행위'로 정

의할 수 있다. 왕따는 피해자의 존재 자체를 흔들리게 만드는 심각한 폭력 중의 하나다. 왕따는 학교 폭력 중 가장 흔한 형태이며, 왕따 경험으로 인한 심리적, 신체적 후유증은 많이 알려져 있다.

정신과 의사 샐몬의 보고에 따르면 왕따를 겪은 피해자들은 우울, 불안뿐 아니라 수면장애, 학교 공포증, 불안정감, 학교에서의 불행감, 낮은 자존감, 외로움, 고립, 신체적 증상 등을 보일 수 있다고 한다.

심리학자 크로맥과 그의 동료들은 어린 시절 왕따를 당한 아이들을 대상으로 전향적 연구를 시행했다. 왕따를 당한 아이들은 성인이 되어서 우울증과 불안장애를 호소할 위험성이 높게 나왔으며, 그들은 왕따를 당하지 않은 대상에 비해서 자살사고의 비율도 더 높게 나타났다. 어린 시절 왕따로 인한 영향은 소년들보다는 소녀들에게서 더 심각하게 나타났다. 왕따 경험의 빈도가 높을수록 성인이 되었을 때 그 영향은 더 심각했다.

최근에 더 주목받고 있는 것은 '사이버 왕따'다. 사이버 왕따는 직접 대면해서 괴롭히는 것을 넘어서 온라인상에서 이루어지는 따돌림을 말한다. 이는 주로 메시지, SNS, 블로그를 통해서 이루어지는데, 왕따를 당하는 친구에게 모욕감을 주는 말들이나 모욕적인 사진을 돌려 보거나, 유언비어를 퍼트리는 행위를 한다. 특히 사이버 왕따는 보이지 않는 곳에서 익명으로 상대방을 괴롭힐 수 있기 때문에 괴롭힘의 정도가 현실에서보다 훨씬 심하다. 또한 언제, 어디서든 괴롭힐 수 있기 때문에 당하는 피해자에게는 극심한 고통을 줄 수 있다. 그래서 사이버 왕따를 당한 친구들은 우울감을 호소하다가 종종 자살을 시도하기도 한다.

그러나 이런 왕따가 학교에서만 행해지는 폭력은 아니다. 어른들이 하루의 절반 이상을 보내는 직장 내에서도 빈번하게 일어난다. 왕따라는 괴롭힘이 심각한 문제가 되는 것은 피해자가 하루 종일 지속적으로 가해자들과 같이 있으면서 그들이 행하는 폭력에 그대로 노출되는 것이다. 직장 내에서 행해지는 왕따는 더 지능적인 방법으로 더 잔혹하게 상대를 괴롭히기 때문에 문제가 크다.

왕따라는 것은 건강하지 못한 집단의식에 사로잡힌 집단이 한 개인에게 보이는 집단 폭력행동이다. 건강하지 못한 집단의식의 이면에는 나와 너의 생각이 다를 수도 있다는 것을 무시하고 같은 무리에 남아 있기 위해서는 공통되는 생각을 가져야 한다고 믿으며, 우리와 같은 생각은 선한 것, 우리와 다른 생각은 악한 것이라고 보는 이분법적인 사고가 깔려 있다. 구성원 각자 나름의 가치관과 의식을 포용하지 못하는 집단은 미성숙하고 독선적이며, 그 안에는 보이지 않는 커다란 갈등이 존재한다. 왕따는 결국 다수가 소수에게 행하는 폭력이다.

사랑받고 싶고 사랑하고자 하는 것이 인간의 본능이다. 에리히 프롬은 "성숙한 사랑이란 대상을 있는 그대로 보고 그의 독특한 개성을 있는 그대로 존중해주는 것"이라고 말했다. 과연 우리는 나 자신을 있는 그대로 존중하고 있는가? 그리고 상대방을 있는 그대로 바라보고 있는가?

카프카의 소설 《변신》이 우리에게 슬픔을 주는 이유는 하루아침에 벌레로 변한 주인공이 가족들로부터 겪은 소외감과 외로움을 자세히 묘사하고 있기 때문이다. 단지 외모만 벌레로 변했을 뿐 내면은 여전히 부모님의 아들이자 여동생의 오빠인 그레고르임에도 가족들은 그의 진짜 모습을 보지 못하고 벌레 취급을 했다. 왕따도 마찬가지다. 소극적이든, 직접적이든 왕따에 동참했던 사람들은 왕따를 당하는 사람을 향한 비난이 자신들의 편견일 수도 있다는 생각을 하지 못하고 상대의 본질과 진짜 모습을 무시한 채 징그러운 벌레 취급을 하는 것과 같다.

왕따의 경험은 인생 전반에 걸쳐 큰 정신적인 상처가 되지만 앞에서 이야기한 내담자의 경우 결국 상처를 극복하고 새로운 삶을 찾았다. 과거 그로 하여금 왕따를 당하게 한 수학은 현재 그에게는 없어서는 안 될 삶의 일부가 되었다. 그는 상담을 통해 자신의 아픔을 들여다보면서 그 아픔을 승화시켰다. 그는 수학교육가로 나섰고, 그의 수학 교육법은 온라인상에서 학부모들에게 큰 인기를 끌면서 그는 명강사가 되었다. 학창 시절 친구들이 미워하고 혐오했던 벌레껍질이었던 수학이 지금은 그의 자존감을 높여주는 멋진 날개가 되었다. 그가 변신할 수 있었던 이유는 주변 사람들의 인정과 평가를 우선으로 했던 자신의 기준을 무너트리고 순전히 자신의 평가와 인정을 삶의 기준으로 바꾸었기 때문이다. 주변의 인정과 좋은 평가를 받는가 아닌가가 삶에서 중대한 문제가 아님을 인식하게 된 것이다.

나 자신에 대한 존중 없이 이 세상을 살아가는 것은 너무 힘들다. 자존감은 내 스스로 느낄 수 있는 것이기에 다른 사람이 대신해줄 수도 없다. 자신의 내면을 들여다보면 다양한 모습이 나를 이루고 있을 것이다. 그러므로 다른 누군가와 비교할 것이 아니라 각자 자신만의 개성이나 특징을 살펴봐야 한다.

당신을 구성하는 것들, 보이는 것들 그 이상의 것, 이미 가지고 있었지만 그동안 보이지 않아 무시하고 존중해 주지 않았던 것들을 찾아보자. 그것들을 찾아내고 존중하고 사랑하는 것이 바로 자존감이다.

제2장 ── 우울감

우울증은 하고 싶은 것이 있었지만 그것이 좌절되거나 실패했을 때 다가온다.
또한 우울증이 만성화되면 하고 싶은 게 사라지고 아무런 의욕이 생기지 않게
된다. 우울감이 스스로를 잠식하지 않도록 한 번의 좌절이나 실패로 너무 의
기소침할 필요가 없다.

울타리이자 족쇄인 가족의 이중성

부모에게 사랑받고 싶어 자살을 선택한 청소년

──────── 한번은 자살을 시도한 뒤 강제로 병원에 끌려온 한 청소년 환자를 상담한 적이 있다. 그는 큰 눈으로 나를 멍한 시선으로 쳐다보며 말했다. "살고 싶지 않아요. 선생님이 어떤 말을 해도 전 곧 죽을 겁니다."

무엇이 아직 어린 나이의 그 학생에게서 삶에 대한 의욕을 완전히 꺾어버린 것인지 매우 궁금했다.

그는 한때 다정하고 적극적이며 분위기를 잘 띄우는 성격 덕분에 인기가 많았다. 또한 자신이 하고자 하는 목표가 있으면 행동으로 옮겨 이내 목표를 달성하는 적극적인 모습을 보이며 열심히 살았다. 하지만 밝고 매력적인 그에게 걸림돌이 되는 존재가 있었다. 아무리 열심히 해도 그를 인정해주지 않는 부모였다.

그는 슬픈 눈으로 이렇게 말했다. "부모님은 날 사랑하지 않아요. 내가 죽어도 아마 아무렇지도 않을 걸요?"

나는 그 학생과 면담을 마친 뒤 그의 부모와 면담을 했다. 부모는 착했던 아들이 왜 갑자기 죽겠다고 하는지 도무지 이해가 되지 않는다고 말했다. 어렸을 때부터 부모의 말에 순종했고, 부모가 시키는 만큼 결과도 잘 나왔기에 부모는 아들에 대해 언제나 많은 기대를 했다. 그런데 부모가 내게 한 말 중에 인상적인 것이 있었다.

"자식을 키우면서 말을 안 들으면 다들 나가 죽으라고 하잖아요. 우리도 다 그렇게 컸습니다. 그래서 저도 아들이 반항할 때마다 '죽어버려!'라고 했죠. 그럴 수도 있는 거 아닌가요?"

죽으라는 말을 당연하게 생각하는 부모의 말에 순종만 하며 커왔던 아들은 말 그대로 진짜 죽으려고 한 것이다. 부모의 이야기를 듣고 나니 그가 한 말이 이해가 되었다.

"아마 우리 부모님은 내가 죽어도 아무렇지 않을 걸요?"

그의 부모는 아이의 공부 스케줄뿐만 아니라 일거수일투족을 감시했다. 그리고 자신들의 지시에 따르지 않으면 엄한 체벌로 훈육했다. 아이는 자신의 욕구와 감정이 부모에게 받아들여지지 않으면 부모가 있는 그대로의 자신의 모습을 인정해주지 않는다고 느낀다. 그래서 아이가 무의식적이든, 의식적이든 긍정적인 자아를 형성하기 위해서는 부모의 인정이 반드시 필요하다.

위의 학생은 부모의 사랑을 확인하기 위해 더 완벽하고 잘하기 위해 애썼지만, 부모는 끊임없이 더 좋은 결과를 원했다. 그래서 그는 자신이 아무리 노력해도 결과는 언제나 같을 거라는 결론을 내렸다. 그는 부모에게 원망과 비난의 화살을 돌리고 싶지만 현실에서 그럴 수 없자 그 화살의 방향을 자신에게 돌려 자신을 비난하고 저주하면서 결국 자살을 시도한 것이다. 내면에 숨어 있는 진짜 자기를 보호하기 위한 마지막 방어로 자살을 선택한 것이다.

나는 그와 매주 2회씩 주기적으로 면담을 했다. 지쳐 있는 그에게 이것저것 물어보는 것은 오히려 심적으로 그를 더 괴롭게 하는 행위이기에 자연스럽게 그와 이야기를 주고받았다.

"네가 좋아하는 게 뭐가 있니?"

그러면 그는 그동안 재미있었던 경험들을 신나게 나열했다. 나는 그의 이야기를 귀 기울여 들어주었다. 그는 원하는 것을 말하고 나는 그에게 적절한 반응을 해주었다. 과장되거나 억지로 하는 것은 진짜 공감이 아니다. 내 마음 깊이 그의 경험을 함께 느끼며 그 감정을 공유했다. 그러면 그는 나에게 반복해서 물었다. "저 좀 이상하지 않아요? 이런 말 해도 되나요?"

그는 자신이 한 말에 대해 계속해서 옳은지 그른지 나에게 확인을 했다. 부모와의 관계에서처럼 상대의 눈치를 보며 상대의 기준에 맞춰주려고 애쓰는 것이다.

한 달간의 치료자와의 교감을 통해서 그는 자신이 이해받고 수용받는 경험을 하게 되었다. 그러면서 과거에 잊고 있었던 자신의 긍정적 경험들을 떠올렸다. 친구들과 같이 여행을 갔던 일, 파티에서 신나게 놀았던 일, 힘들어했던 친구들에게 카운슬링해준 일 등등. 그러고는 조심스럽게 부모님과의 추억에 대해서도 하나둘씩 이야기하기 시작했다. 그는 자신을 사랑하지만 방법이 서툴렀던 부모님의 마음을 이해할 것 같다고 말했다. 그리고 가족치료를 통해서 부모님 또한 그들 부모로부터 받은 상처들이 가시로 남아 있다는 사실을 알게 되었고, 부모님도 개인상담을 따로 받도록 권유했다.

두 달 뒤 치료를 마칠 때 그는 나에게 말했다.

"그때는 죽음밖에 답이 없다는 생각이 들었어요. 부모님이 날 사랑한다는 것을 알고는 있지만 마음으로는 느끼지 못했죠. 하지만 내 가족이, 그리고 내 주변 친구들이 나를 얼마나 사랑하는지, 그리고 내가 그들을 얼마나 사랑하는지 지금은 느끼고 있어요. 그게 얼마나 큰 가치인지를요."

삶에서 용서가 안 되는 사람이 있다면 시선의 초점을 돌리자

———— 위의 사례의 학생에게는 부모와의 '대상관계(object

relation)'가 불안정하게 형성되어 있었다. 대상관계 이론은 현재의 인간관계는 이미 과거에 이루어진 관계의 영향을 받는다는 이론으로, 어릴 때의 내재화된 대상관계가 그 후 모든 대인관계에서 반복되고 재현된다고 말한다.

정신분석가이자 소아과 의사였던 도널드 위니컷은 인간 본성의 핵심으로 어머니의 양육이 아이의 자아를 형성한다고 생각했다. 충분히 좋은 어머니와의 만족스럽고 상호적인 지지 환경에서는 아이가 내적으로 긍정적 자아상이 형성되면서 '참 자기(true self)'를 발달시킬 수 있다고 보았다. 하지만 어머니가 아이의 욕구와 감정을 적절하게 읽지 못해서 아이를 방임하거나 부적절하게 반응을 해주면 아이의 욕구는 매번 좌절되면서 내적으로 부정적 자아상이 형성되고, 자기를 유지하고 보호하기 위해서 '거짓 자기(false self)'를 발달시키게 된다고 보았다.

위의 사례의 학생의 경우 우울감과 자살에 대한 충동은 자신의 욕구에 반응해주지 않는 부모를 위해 살아온 거짓 자기에 대한 무기력감, 그리고 거짓된 자기의 삶을 자살로 끝내고자 했던 그의 자아의 반응으로 볼 수 있다.

그러나 한 가지 중요한 점이 있다. 부모와의 대상관계가 결정적인 요인이라고 할지라도 우리의 자아가 고정되고 변하지 않는 것은 아니다. 우리의 의지에 의해 왜곡되고 부정적인 대상관계는 바뀔 수 있다.

나는 우울감으로 상담을 했던 많은 사람에게서 한 가지 특징을 발견할 수 있었다. 많은 사람이 자신의 내면의 아픔을 이해하기 위해 자가 치료로 심리학 서적을 많이 읽었는데 심리학 서적의 다수가 우울감의 원인 중 하나로 부정적인 부모와의 대상관계에 대해 설명하고 있다. 그들은 책을 통해 자신이 망가지게 된 원인을 알게 된 뒤로 끊임없이 부모를 원망하고 미워했다. 그리고 자신의 우울감에 원인을 제공한 부모와의 관계라는 블랙홀에 매몰되어 더 이상 앞으로 나아가지 못했다.

나는 우울감을 앓는 사람들에게 부모와의 관계가 우울감의 원인 중 하나임을 설명한다. 하지만 생물학적인 요인, 환경적인 요인, 자기 자신의 왜곡된 인지패턴 등등도 우울감의 원인이 된다는 점을 반드시 알려준다. 우울증의 치료는 우울감의 원인에 노출되는 것을 막거나 제거하는 것이 가장 우선적인 것처럼 보일 수 있다. 하지만 일상생활 속에서 그 원인을 방어하거나 제거하는 것은 상당히 어렵고 또 불가능할 때가 많다.

우선 한평생 자기만의 사고방식으로 살아온 부모를 바꾸기란 쉽지 않다. 그리고 가족이라는 울타리는 그들만이 알 수 있는 방식으로 폐쇄적이고 고정적이며, 가족 구성원들 각자가 서로를 많은 편견과 오해로 바라보고 있음을 스스로 인식하는 것도 힘들다. 그래서 가족 구성원이 아닌 정신과 전문의나 심리상담사가 나서서 도와줄 때에야 서로를 제대로 바라보려고 하지만, 사실 그것도 쉽지 않다.

그럴 때 나는 환자의 시각을 'here and now(지금 그리고 여기)'에 초점을 두도록 한다. 어릴 때에는 가족이 안전지대이자 세상의 전부처럼 느껴질 수도 있지만, 성인이 되면 현재 당신을 둘러싼 세상을 보아야 한다. 과연 현재 가족의 영향이 얼마나 미치고 있는가? 내 몸은 지금 그리고 여기에 있지만 시선은 항상 과거 그리고 가족 관계에 머물러 있는 것은 아닌가? 또는 원초적이고 가장 강렬했던 부모와의 부정적인 기억에만 매달리고 있지는 않은가?

성인이 된 후에 우리가 적응하며 살아갈 곳은 자신이 대부분의 시간을 보내는 학교, 직장, 친교 모임 등이다. 만약 당신의 삶 속에 부정적 대상과의 경험이 존재한다면, 잠시 그들에 대한 분노를 접어두고 현재 당신을 둘러싼 새로운 대상들을 바라보자. 당신이 그들과 긍정적인 경험을 하는 그 순간부터 마음속에 쌓인 부정적인 감정들을 긍정적인 감정들이 조금씩 대체하기 시작할 것이다.

자해의 심리적 원인

반복적인 자해를 하는 여성

─────── 반복적으로 자해하는 내담자를 맡은 적이 있다. 상담을 할 때마다 나는 그녀에게 물었다.

"이번 주는 좀 어땠어요? 자해는 했나요?"

"아뇨"라고 그녀는 짧게 대답한다.

"다행이네요. 그럼 이번 주는 기분이 좀 나아지신 건가봐요."

"아뇨. 꼭 그런 건 아니에요. 그저 참았을 뿐이에요."

그리고 한참 동안 침묵이 흐른 뒤 그녀가 울면서 다시 말을 한다.

"자해 자국이 사라지는 게 싫어요. 자해 자국이 사라지는 게 꼭 제가 사라질 것만 같아요."

그녀에게 자해란 고통스러울 때 자신의 피부에 상처를 만드는 것만의 의미가 아니었다. 그녀에게는 그 이상의 의미가 있었다. 그녀는 어린 시절 무관심한 부모 밑에서 성장했다. 맞벌이였던 부모는 그녀를 친할머니에게 맡겼고, 그녀가 부모를 만날 수 있는 날은 일 년에 며칠도 되지 않았다. 부모를 만날 때면 그녀는 마치 남을 만난 것처럼 어색하고 불편해서 늘 할머니 치맛자락 뒤로 숨었다. 그럴 때마다 그녀의 아버지는 그녀에게 비난 섞인 말을 하며 그녀를 차갑게 대했다.

사랑에 목말랐던 그녀는 친구들에게 호감을 표현했으나 친구들은 그녀에게 집착이 심하다며 비난하고 떠나버리기 일쑤였다. 고등학교 때 친구와 말다툼을 하고 머리끝까지 화가 난 그녀는 어찌할 수 없는 감정을 느낀 뒤 손톱으로 자신의 손등을 반복해서 피가 날 때까지 긁었다. 그런데 피를 보자마자 화난 기분이 사라지고 평안함을 느꼈다. 그것이 그녀의 삶에서 자해의 첫 시작이었다. 그리고 그 후로 자해가 반복적으로 이루어졌다.

나는 매주 진료실을 찾아오는 그녀와 이런저런 일상을 이야기했다. 그녀에게 반복되는 자해의 흔적을 일일이 묻지 않았다. 그녀가 자발적으로 자해한 일을 이야기하면 들어주고, 자해한 일이 없으면 그냥 지나갈 때도 있었다.

대신 그녀가 자주 만나는 직장동료 이야기, 재미있게 본 책들, 새로 산 신발과 가방 등 일상적인 이야기를 주고받았다. 그녀에게 있었던 좋았던 일과 나빴던 일들을 같이 공유하면서 같이 웃고, 같이 속상해했다. 의사로서 내가 지향했던 것은 그녀에게 계속 공감해주고 그녀를 지지해주면서 그녀의 파편화된 자아상이 서서히 응집되면서 건강해지기를 바란 것이다. 치료자와의 관계를 통해서라도 그녀가 안정적인 애착경험을 하기를 바랐다. 또한 그런 관계를 바탕으로 다른 사람들과 안정적인 애착경험을 할 수 있다는 자신감을 얻기를 바랐다.

나는 그녀가 애지중지 키우는 햇살이(그녀가 키우는 반려묘)를 언급하며 그녀에게 물었다.

"햇살이 사랑하시죠?"

"그렇죠."

"이제까지 ○○님의 삶에 대해서 들었을 때 햇살이가 ○○님에게 잘해서가 아니라 그 존재를 사랑하시는 것 같아요."

"맞아요. 햇살이 때문에 제가 살죠."

"그런데 갑자기 햇살이가 매일 자신의 손등을 할퀸다면 기분이 어떨 것 같아요?"

"너무 아프죠."

"○○님이 햇살이 주인이니까 햇살이를 마음대로 할 수도 있지 않아요? ○○님이 햇살이의 손등을 긁어 피를 낸다면요?"

"내가 사랑하는 아이한테 어떻게 그런 짓을 할 수 있겠어요…."

"그렇죠. ○○님의 몸도 마찬가지에요. ○○님의 몸도 ○○님의 소유가 아니에요. 그저 ○○님의 몸을 관리해야 할 책임이 ○○님에게 있는 것일 뿐이에요."

자살을 목적으로 하지 않는 자해의 이유

──────── 정신의학과에 대해 많은 사람이 궁금해하는 점이 있다. 정신의학은 사람의 마음을 치료하는 의술인데 보이지 않는 마음을 의사들이 어떻게 치료할 수 있느냐는 것이다. 그래서 정신과 전문의들은 마음을 시각화해서 볼 수도 없고 정량화할 수도 없지만 '언어'라는 좋은 도구를 이용해서 최대한 마음이라는 것을 구체화하려고 노력을 한다. 그래서 환자들의 마음을 최대한 그들의 언어로 표현할 수 있도록 돕고, 그들의 마음을 간접적으로 살펴보고 진단하고 치료를 한다.

또한 마음을 표현하는 도구로 중요한 것이 바로 우리의 '몸'이다. "사촌이 땅을 사면 배가 아프다"란 말은 불편한 마음이 신체로 표현되는 특징을 잘 드러내는 속담이다. 이를 정신과적 용어로는 '신체화(somatization)'라고 한다. 예를 들면, 중요한 시험을 앞두고 두통이 심해지고 소화가 잘 되지 않는 증상, 불편했던 사람과의 약속 날 아침부터 배가 아픈 증상이 나타나는 것 등등이다. 이러한 증상은 내가 의도적으로 신체에 고통을 가하는 것이 아니고 나도 모르는 의식, 즉 무의식의 작용으로 인해서 신체가 저절로 반응하는 것이다. 이것은 '꾀병'으로 오해받기 쉽지만 꾀병은 아니다. 하지만 의도적이고 자발적으로 자신의 신체에 고통을 가하는 것이 있다. 그것이 바로 '자해'다.

환자들이 내 진료실에 찾아오면 나는 그들의 표정과 행동을 먼저 살펴보고, 그러고 나서 그들의 몸을 주의 깊게 본다. 그들의 행동, 표정, 몸짓 하나하나에도 정신과적인 많은 정보가 숨어 있으므로 나는 최대한 정확하게 그리고 편견 없이 환자들을 보려고 노력한다. 손목에 붕대가 감겨 있는 경우 자해 환자임을 바로 알 수 있지만, 자해 환자의 상당수가 보이지 않은 곳에 상처를 내기에 겉으로는 알아볼 수가 없을 때가 대부분이다. 그래서 나는 자해의 기왕력을 반드시 물어보고, 만약 최근에 자해를 했다면 그 상처를 볼 수 있는지 조심스럽게 물어본다. 자해 중 상당수는 손목이나 팔뚝, 허벅지 부위의 자상(cutting)으로 나타난다.

자해는 예전부터 있어오던 흔한 행위였지만 일반인들이 자해를 한다는 통념은 많이 없었고, 정신과 의사들도 자해는 자살을 위한 전조행위로 보거나 반복적인 자해의 경우에는 경계성 인격장애와 같은 병리적인 특징으로만 간주했다. 하지만 자살을 원치 않아도 자해를 시도하는 경우도 상당 수 있으며, 병리적인 성격적 장애가 없는 사람들에게도 반복적으로 나타나는 경우가 있어 자해에 대한 새로운 이해와 치료적인 접근이 필요했다.

결국 2013년 〈정신장애진단 및 통계편람 제5판〉(DSM-5)에서는 '비자살성 자해'라고 하여 죽음을 목적으로 하지 않지만 고의로 자신의 신체 조직을 훼손하는 행동을 새롭게 진단기준에 포함했다. 최근에는 스마트폰의 보급과 SNS가 활성화되면서 청소년들 사이에서 자해가 하나의 유행이 되고 말았다. 청소년들은 #자해 #바코드인증샷 이라는 해시태그를 쓰고 바코드처럼 보이는 자해 흔적을 자신의 SNS에 올려 부모로부터 공감받지 못하는 자신들의 처지를 서로 이해하고, 괴로움을 소통하는 도구로 이용한다. 특히 〈2014~2018년 보건복지부 통계〉에 따르면, 자해 및 자살 시도로 응급실을 내원한 환자가 10대는 73%, 20대는 63.1%가 증가한 것으로 나타났다.

그렇다면 자해를 하는 이유는 무엇일까?

첫째, 참기 어려운 부정적인 정서에 휩싸일 때 그런 감정을 극복하기 위해 자해를 한다. 예를 들어 극단적으로 화가 난다거나 우울하거나 외로울 때, 자기혐오에 휩싸일 때, 미쳐버릴 것만 같은 감정에 휩싸일 때 스스로 자해를 함으로써 신체적인 고통에 초점을 두게 하면서 정서적인 고통을 일시적으로 중단되도록 한다. 둘째, 2003년 Galley, M의 〈Student self-harm〉 연구논문에서는 청소년들이 자해를 해서 뜨거운 피가 흐르는 것을 보면서 역설적으로 생동감을 느끼고, 자해 후 경험하는 감각의 안정화 과정이 신체적 부상 후 진통 작용을 하는 엔도르핀이 분비되는 과정과 비슷해서 자해가 고통을 완화하고 감정을 가라앉게 한다고 분석했다. 셋째 〈Psychoanalysis 2021, 반복적 자해의 정신역동적 이해〉 자료에 따르면, 취약한 자아는 정서적인 고통으로 인해 멍하고 해리되어 자기가 붕괴될지도 모른다는 위협이 있을 때 스스로 실제적인 고통을 가함으로써 자아와 현실과의 경계가 재정립되고 자신의 존재감을 다시 확인한다고 한다. 자해의 원인으로는 가까운 대상의 상실, 가정 폭력의 목격, 가족 중 자해했던 사람이 있었던 경험, 불안정한 애착 경험 등이 있고, 정신분석학의 대상관계이론에서는 대상 항상성 획득의 실패와 불안정한 내적 자기-대상 표상으로 인해 자신과 외부 사이의 '경계(boundary)'가 모호해지는 현상으로 자해를 설명한다고 말한다.

　부연설명을 하자면, 어린아이는 생애 초기에 부모로부터 보살핌을 받고 큰 좌절 없이 성장했다면 자신의 감정을 분명하게 인지하고, 타인의 생각과 자신의 생각을 분리할 줄 알면서 점차 자아상의 이미지가 안정적으로 자리 잡고 타인(외부환경)과 나의 경계를 분명히 한다. 하지만 부모로부터 감정적인 공감을 받지 못하거나, 자신의 감정 표현이 묵살되고 무시당하거나, 타인의 부정적인 감정으로 초래되는 신체적 및 정서적인 방임과 학대를 경험한 경우에는 좋고 나쁨의 감정을 통합되게 처리하지 못한다. 그렇게 되면 타인(외부환경)의 판단이나 생각이 곧 자신의 판단과 생각이라는 착각이나 혼란을 겪게 되고 자아상의 이미지가 매우 취약해져서 스트레스를 받는 상황이 되면 쉽게 자신이 부서지고 죽을 것만 같은 공포감을 갖게 된다.

위의 내담자의 경우 취약한 자아상을 갖고 있어 죽음과 같은 공포감을 벗어나고 자아와 현실의 경계를 확보하는 행위로 자해를 하게 되었다. 자해의 흔적이 사라지는 것은 자기가 사라지는 것과 같았기 때문에 그녀는 과거의 자해의 흔적이 사라지려고 할 때쯤 새롭게 자해의 흔적을 남김으로써 자신의 실체를 확인하고 안도를 할 수밖에 없었던 것이다.

나는 반복해서 자해하는 사람들에게 사랑하는 타자의 몸을 우리가 함부로 할 수 없는 것처럼 자신의 몸을 타자화해서 생각하도록 한다. 그리고 누군가를 사랑할 때 그 사람을 소중하게 생각하는 것처럼 당신도 누군가에게는 그런 대상이기에 당신이 함부로 할 수 없다고 알려준다.

우리는 세상의 모든 생명은 존재 그 자체만으로 소중하고 고귀하다는 사실을 잊지 말고, 내 몸과 생명도 소중하다는 사실을 깊이 인식할 필요가 있다.

자신을 억누르는 타인의 시선에서 자유로워지기

이혼녀라는 사실을 수치로 생각하는 30대 여성

──────── 30대 초반의 여성이 나를 찾아왔다. 남편의 외도로 이혼을 하게 되었고, 그 후 극심한 우울감과 좌절감을 견딜 수 없어 아무것도 할 수 없는 상태라고 말했다.

"이혼은 제 삶에 없는 말인 줄 알았어요. 정말 열심히 성실하게 살아왔는데 그게 제 일이 될 줄은 꿈에도 몰랐어요."

그녀는 남편이 외도한 사실도 참을 수 없었지만, 그보다 자신이 이혼녀가 되었다는 사실에 더 괴로워했다. 그녀는 자신에게 이혼이라는 최악의 선물을 안긴 남편을 스스로 선택해 결혼한 것에 대해 끊임없이 자책을 했고, 친정 부모님에 대한 미안함, 그리고 자신을 둘러싼 사람들의 시선에 대해 불편감을 호소했다.

"사람들은 이혼한 사람에 대해 뒷이야기 하는 걸 좋아하잖아요. 이혼이 제 잘못도 아닌데 왜 제가 사람들의 삐딱한 시선을 받아야 할까요?"

전형적인 모범생의 모습으로 살아온 그녀는 매우 반듯했다. 자신의 주관적 감정이나 생각보다는 사회에서 말하는 규범이나 기준을 우선시했고, 회사에서의 평가와 조직에서의 화합을 가장 중요하게 생각했다. 어린 시절 자신의 감정이나 주장을 내세울 때마다 부모로부터 "넌 유별나다"라는 말을 들었기 때문에 자연스럽게 그녀의 의식 속에는 '나는 틀리고 다른 사람이 옳다'는 생각이 자리 잡았다. 그래서 그녀는 언제나 주변 사람들의 기준과 평가에 맞춰 살아왔다. 나는 그녀에게 이런 질문을 던져보았다.

"만약 당신 주위에 이혼한 사람이 있다고 가정해보죠. 그럼 당신은 그 사람에 대해 어떤 마음이 드시겠어요?"

"안됐고 조심스러울 것 같아요. 이혼한 이유는 당사자들의 문제니까 제가 왈가왈부할 게 아니죠. 저는 조용히 침묵할 겁니다. 하지만 문제는 다른 사람들은 그렇지 않다는 거죠."

"그렇다면 ○○님 주변에는 이혼한 사람의 아픔이나 슬픔에는 관심이 없는 그냥 소문내기만 좋아하는 미성숙한 사람들만 모여 있는 걸까요?

"그런 것은 아니지만—"

그녀의 문제는 평범함에서 벗어나는 것을 견디지 못한다는 점이었다. 그녀가 생각하는 삶의 기준은 30대 여성이라면 가정을 이루고 출산을 해야 한다는 것이었다. 그런데 이혼녀라는 생각지도 못한 변수가 자신을 열등한 여성으로 만들어버린 것이다. 그로 인해 자신은 앞으로 다른 누군가와 사랑도, 결혼도 할 수 없으며, 출산도 할 수 없을 거라고 생각했다. 그녀는 자신이 생각한 기준을 조금 벗어나 있는 자신의 삶이 완전히 망가진 인생이라고 스스로 단정지었다. 그러면서 앞으로의 미래는 존재하지도 않는 것처럼 최악의 경우들만 끊임없이 생각했다.

진료실을 찾는 내담자들을 상담하면서 한 가지 공통점을 보게 된다. 그들 대부분이 하고 싶은 일보다 해야만 하는 일에 집착하고 가로막혀서 불행한 삶을 살고 있다는 것이다.

나는 그들이 그러한 상황에 처해 겪는 괴로움을 이야기할 때면 "그럼 하고 싶은 것을 하시면서 살면 안 되나요?"라고 물어본다. 그리고 만약 새로운 일을 했을 때 어떤 일들이 벌어질지 상상해보라고 말한다.

그러면 많은 사람이 내 말에 일단 거부감을 보인다. 그들은 먼저 안 되는 조건들을 반사적으로 나열한다. 이래서 안 되고 저래서 안 된다고 하면서 원망 어린 시선으로 나를 쳐다보며 말한다.

"선생님은 제 입장이 되어 보지 않아서 모릅니다."

"한 번도 해본 적이 없는데 어떻게 합니까?"

하지만 내 말을 받아들일 준비가 되어 있고, 자신을 바꾸길 진정으로 원하는 사람들은 반응부터 다르다.

"정말 그래도 될까요?"

"하긴 그런다고 해도 나에게 뭐라고 할 사람은 없어요."

그들의 말을 들어보면 그들이 원하는 것은 거창한 것이 아니다. 주말에 내 시간을 가지고 싶다는 것, 다른 사람들에게 내 부탁을 하고 싶다는 것, 가족들에게 먼저 다가가서 속마음을 표현하고 싶다는 것, 상대가 상처받지 않게 거절하는 것, 주말에 혼자 영화를 보는 것 등등 사소하고 소소한 것들이다.

일상이 우울하게만 느껴진다면
루틴을 벗어나 일탈을 해보자

──────── 앞으로는 획일적이고 표준적인 삶의 기준이 무너지게 될 것이다. 1~2인 가족의 증가, 100세 시대 평균 2개 이상의 직업 갖기, 재택근무의 확산, 4차 산업혁명으로 인한 삶과 생활의 패러다임의 변화로 인해 개인의 개성과 자아가 그 어느 때보다 중요해지고 있다.

카를 융은 인간의 정신 기능을 '사고, 감정, 감각, 직관'의 네 가지로 분류하고, 이 네 가지 기능 중 어느 것을 주된 기능으로 사용하느냐에 따라 '사고형, 감정형, 감각형, 직관형'으로 나뉘게 된다고 설명했다. 우리에게 잘 알려진 성격 유형 검사 도구 'MBTI(Myers-Briggs Type Indicator)'는 융의 이러한 심리유형론을 토대로 만든 도구다.

주로 사용하는 우월기능은 사람마다 다르기 때문에 사람들의 외부세계에 대한 인식, 태도, 판단, 방향이 다를 수 있고, 그 사람의 성격, 직업, 생활방식에 영향을 준다. 하지만 융은 네 가지 기능 중에서 개인에게 제일 미분화되고 발달하지 못한 기능인 '열등기능'에 대해 강조했다. 그는 많은 사람이 자신의 열등한 부분에 대해서 언제나 열등한 채로 남아 있다고 생각하는데 그것은 잘못된 생각이라고 지적하며 열등기능은 분화될 수 있고 발달할 수 있다고 말했다. 그래서 열등기능을 분화 발달시키는 것은 개인의 자아실현에서 가장 중요한 과제라고 강조했다.

노년기에 자신의 새로운 재능을 발견하고 새로운 분야에서 두각을 나타내는 사람도 많다. 우리는 앞으로 100년이라는 긴 시간이지만 단 한 번뿐인 기회의 삶을 살아가는 데 과연 행복하게, 그리고 주체적으로 살아가고 있는지 생각해볼 필요가 있다. 당신의 주된기능은 무엇인가? 그리고 당신의 열등기능은 열등한 존재로 낙인찍힌 채 당신의 내면에서 잠자고 있지는 않은가?

이혼이라는 아픔으로 절망에 빠져 있던 위의 내담자는 스스로를 냉정하고 이성적이고 객관적인 사람으로 평가했지만 상담을 진행하면서 나는 그녀가 그런 모습과는 전혀 다른 모습을 갖고 있음을 발견했다. 그녀는 오히려 주변 상황에 대한 눈치가 빠르고 본능적으로 미적 감각이 뛰어나며 주관적인 판단을 많이 하는 유형이었다. 상담을 하면서 나는 그녀가 깨닫지 못한 그녀의 모습들을 비춰주었고, 그녀는 조금씩 자신의 생각이나 감각, 감정을 스스로 읽으며 타인의 인식이나 평가에 휘둘리지 않게 되었다.

오랫동안 사람들이 부러워하는 대기업을 다니면서도 전혀 행복하지 않았고 만족스럽지 않았다는 것을 깨닫게 된 그녀는 직장에 사표를 냈다. 그러고는 평소에 관심이 있던 디자인 공부를 하기 위해 파리로 유학을 떠나기로 결심했다. 정해진 것도 없고, 앞으로의 삶이 평탄하지 않을 수 있음에도 그녀는 항상 쫓기고, 단조로우며, 평범했던 지난날보다 현재가 더 행복하다고 말했다.

우리는 지루하고 반복되는 일상 속에서 가끔은 자신이 정말 하고 싶은 일을 시도해볼 필요가 있다. 거창한 꿈을 갖고 삶을 바꾸라는 말이 아니다. 반복되는 일상 속에서 너무나도 익숙한 일들 속에서 무료함을 느끼고 있다면 때때로 억누르고 있던 자신의 충동에 몸을 맡기고 일탈을 시도해보라는 것이다. 이런 시도를 해보아야 우리는 진정한 자신의 모습을 비로소 발견하게 된다. 하지만 우리 대부분은 지나치게 익숙한 환경과 태도에 길들여져 있기에 익숙함을 벗어나려 하지 않는다. 바로 변화에 대한 두려움 때문이다.

변화는 진짜 자신의 삶을 살아가기 위한 필요조건이다. 익숙하지 않은 일들을 할 때 낯선 느낌이 두려울 수 있지만, 우리는 누구나 이 세상에 백지와 같은 상태로 태어나서 처음 하는 것들에 적응하며 삶을 살고 있다. 이제는 100세 시대를 살아야 하기에 변화하지 않는 삶을 산다면 그것은 정신 건강에도 전혀 도움이 되지 않을 것이다. 이래서 안 되고 저래서 안 된다고 생각하면 평생 변화할 수 없다. 주변 환경이 달라질 때까지 기다리다가는 화병이 나거나 우울증으로 남은 여생을 불행하게 보낼 수도 있다. 변화할 조건이 갖춰지지 않았다 해도 내 생각이 변하면 된다. 내 생각이 변하고 다르게 행동하면 주변환경과 조건도 조금씩 달라지기 시작한다.

사실 새로운 시도는 그저 즐거운 일만은 아니다. 예측하지 못한 상황에 부딪히면 좌절하게 되고, 불편함을 감수해야 할 때도 있다. 하지만 새로운 경험은 그런 좌절을 견딜 수 있게 하는 힘이 되고, 더 큰 설레임을 갖게 하는 삶의 청량제임은 분명하다.

일상에서의 건강한 마음은
저절로 오지 않는다

과거와 현재를 비교하며 자기비하에 빠진 중년 여성

————— 우울증으로 상담을 받는 중년의 여성이 있었다. 그녀는 우울감, 의욕저하, 불면증 때문에 병원을 찾아왔다.

"자매들 중에서 제가 제일 똑똑했어요. 그래서 동생들이 저를 많이 부러워했죠. 능력 있고 부유했던 남편을 만나 늘 시집 잘 갔다는 말을 들었고, 한동안 부족함 없이 편하게 살았어요. 그런데 남편의 사업이 어려워지면서 지금의 제 모습은 너무 형편없게 되었어요."

상담을 계속하면서 알게 된 사실은 그녀는 끝없이 자기비교를 한다는 점이었다. 주변 사람들의 여유로움과 안정된 삶의 모습은 그녀의 불안정한 삶을 더 비참하게 만들었다.

그녀는 "나도 예전에는 이렇지 않았는데…"라며 과거의 자신의 모습과 비교하면서 절망감에 빠졌다. 그리고 아무도 그녀의 속사정을 알지 못함에도 사람들이 자신을 무시하고 우습게 여긴다고 생각했다. 그래서 만나던 친구들과의 연락도 모두 끊고, 가족모임도 참석하지 않고 두문불출하면서 하루하루 고통 속에서 살고 있었다.

상담 중에 내가 "비교하는 생각은 자존감을 떨어트리는 지름길이죠"라고 조언을 하자 그녀는 이렇게 말했다.

"알아요. 알고 있지만 그게 말처럼 쉽지 않아요. 하루 종일 그 생각이 떠나질 않아요. 그리고 알면서 반복하는 제 자신이 참 어리석게 느껴져요."

우리의 사고패턴은 익숙한 대로 움직이는 특징이 있다. 우리의 일상적인 행동과 감정은 우리 주변의 세계를 우리가 어떻게 바라보느냐에 따라 결정된다. 여기에는 두 가지 수준이 작용하는데 바로 '자동적 사고'와 '잘못된 신념'이다. 이 두 가지가 우리의 인지구조를 형성한다.

자동적 사고란 어떤 상황 또는 사건에 대한 기억이 실제보다 자신의 왜곡된 견해에 따라 즉각적이고 자동적으로 나타나는 인지과정을 말한다. 잘못된 논리에 따라 결정되는 잘못된 인지를 '인지적 오류'라고 한다. 잘못된 인지에는 흑백논리적 사고(내 부탁을 거절하는 것을 보니 나를 싫어하는 것임에 틀림없어!), 파국적 사고(기침이 시작되는 걸 보니 코로나에 걸렸으면 어떡하지?), 독단적 추론(내 말에 호응이 없는 것을 보니 저 사람은 나를 무시하고 있어!), 지나친 확대 및 최소화(이번에는 운이 좋아서 시험에 통과했을 뿐이야. 난 노력해도 안 돼~) 등이 포함된다.

이런 인지를 통해 우리는 현재의 자신을 둘러싼 복잡한 현실을 해석하고 자신의 반응을 결정한다. 우울증 환자 대부분은 이런 자신의 잘못된 논리에 따라 잘못된 인지를 하고 있어 심각한 증상이 일어나게 된다.

우울증 환자에게서는 정신의학자 아론 백이 제시한 왜곡된 부정적 신념, 즉 세 가지 인지요소(cognitive triad)가 나타나는 것을 볼 수 있다.

① 자신에 대한 부정적 지각: 자신을 결함이 있고 부족하며 가치 없고 아무도 원치 않는 존재로 생각한다.

② 현재와 과거의 경험에 대한 부정적 해석: 세계를 부정적이고 요구만 하는, 자기를 패배시키는 장소이거나 실패하고 처벌받는 장소로 생각한다.

③ 미래에 대한 부정적 예상: 미래에도 고생, 고통, 결핍, 실패가 계속 반복될 것이라고 생각한다.

위의 중년 여성에게도 이러한 3가지 부정적 인지 왜곡 증상이 보였다.

현재 상황은 경제적으로만 어려워졌을 뿐인데 그녀는 자신이 매력이나 재능도 없고 주변 사람들이 자신을 무시할 거라는 믿음 때문에 자신이 더 이상 가치가 없다고 생각하는 자기 부정을 보였다.

또한 결혼 이후 커리어우먼의 삶을 그만두고 오로지 가족을 위해서 헌신하며 살아온 삶이 전부 소용없다는 자신의 과거 경험에 대한 부정을 보였다. 그리고 앞으로도 지금의 경제적 어려움에서 결코 벗어날 수 없으며, 집도 잃어버리고 가족까지 붕괴될지도 모른다는 미래에 대한 부정을 보였다.

삶에서 건강한 정신을 유지하기 위해 '멘탈 트레이닝'을 일상화하자

──────── 중년의 여성에게 내가 제안한 것은 '멘탈 트레이닝(mental training)'이다. 우리의 생각도 훈련이 필요하기 때문이다.

헬스를 예로 들어보자. 허벅지 근육을 키우고 싶으면 근육을 강화하는 운동을 배워야 한다. 기본적인 자세나 몸의 무게 중심을 어디에 둬야 할지 트레이너에게 배운다. 그리고 연습을 한다. 평상시 사용하지 않는 근육을 쓰게 되면 며칠간은 근육통으로 고생을 한다. 어느 정도 익숙해지면 근육통은 사라지고, 근육이 조금씩 붙으면서 우리도 모르는 사이에 몸매가 달라진다. 운동하는 방법만 알고 하루 익히는 수준으로 몸매가 바뀔 것을 기대하는 사람은 없을 것이다.

우리의 사고도 마찬가지다. 자신의 반복적이고 익숙했던 사고 패턴이 사실은 잘못되고 논리적이지 않으며, 지나치게 감정적이라는 사실을 먼저 깨달아야 한다. 그리고 우리의 사고는 다양하고, 상대적이고, 비판적이고, 또 변경이 가능하다는 점을 인식해야 한다.

그럼 인식만 하면 내 사고가 달라질까? 그렇지 않다. 위에서 헬스를 비유로 들어 설명했듯이 예전의 익숙하고 낡은 나의 사고 패턴이 다른 방식의 패턴으로 바뀔 때까지 매일 연습을 해야 한다. 처음에는 그런 인식의 과정이 서툴고 고통스럽고 괴로울 수도 있다. 그러나 하루, 이틀, 일주일, 한 달이 지나다보면 자신도 모르는 사이에 나를 지배하고 있던 잘못된 사고의 패턴은 점차 옅어지고 새로운 사고의 패턴대로 움직이고 있다는 것을 알게 된다.

매일 꾸준한 운동을 통해서 근육이 점차 늘어나는 것은 눈에 보이기 때문에 우리가 변화를 인식하기 쉽다. 하지만 '멘탈 트레이닝'은 눈에 보이는 작업이 아니기 때문에 그것의 가치를 깨닫기란 어렵고, 변화를 인식하는 것도 쉽지 않다. 그러나 건강을 위해서 몸을 바꾸는 꾸준한 운동이 중요하듯이, 사고하는 존재인 우리에게 사고의 운동이 중요함은 말할 필요도 없을 것이다.

부정적 인지왜곡의 틀에서 벗어나지 못했던 위의 중년 여성은 매일 그녀의 부정적 인지를 긍정적 인지로 바꾸는 연습이 필요했다. 나는 그녀에게 '멘탈 트레이닝'의 중요성을 설명한 뒤에 하루 3가지 이상의 감사 일기를 매일 쓰도록 했다. 그리고 매일 보고 경험하는 일상적인 주변 환경이지만 어린아이처럼 편견 없이 바라보고 새롭게 깨달은 사실을 3가지 이상 쓰라고 주문했다.

그녀는 감사 일기는 써본 적도 없는 데다 오십을 바라보는 나이에 어린아이처럼 세상을 바라보라는 나의 말에 난감한 표정을 지었다. 하지만 나는 그녀에게 처음부터 잘되는 것은 없으니 어렵더라도 해보라고 말했다. 다음 상담시간에 그녀는 쑥스러워하면서 말문을 열었다.

"몸 아프지 않고, 밥 잘 먹고, 잘 싸는 것만도 감사하네요."

억지로라도 감사 일기를 쓰다 보니 아주 사소하고 당연한 것으로 여겼던 일들이 그녀에게 감사거리가 되기 시작한 것이다. 그리고 지금 가진 것들이 언제라도 사라질 수 있음을 자각하기 시작하면서 지금 자신이 누리는 것들이 얼마나 소중한지 깨닫게 되었다고 말했다.

그녀는 세상을 바라보는 관점이 어느 한 시점에 머물러 있는 것이 아니라 과거, 현재, 미래의 관점에서 자신의 삶을 객관적으로 볼 수 있게 됨에 따라 균형 잡힌 생각을 가질 수 있게 되었다. 감사 일기와 편견 없애기 등과 같은 멘탈 트레이닝을 몇 달 이상 하다 보니 그녀에게서 점차 부정적이고 왜곡된 생각이 사라졌다.

오랜 시간 전업주부로 살던 그녀는 결혼 전 자신의 경력을 바탕으로 새로운 직장을 갖게 되었다. 예전의 사고 패턴이라면 나이 오십에 무슨 일을 시작하느냐, 나 같은 사람을 받아줄 회사가 어디 있겠냐며 신세 한탄만 했을 것이다. 그러나 생각이 바뀌고 행동이 바뀌자 실제로 그녀의 환경이 바뀌고 삶이 달라지기 시작했다.

심리학자 마틴 셀리그만이 제시한 '긍정심리학(positive psycho-logy)'이라는 심리학 이론이 있다. 긍정심리학은 부정적 감정보다는 개인이 가진 재능과 긍정적 감정에 초점을 두어 행복하게 살도록 이끄는 이론이다. 셀리그만은 개인이 행복하게 살기 위해서는 긍정적 감정을 함양하고, 다른 사람과 함께 어울려 활동하고 참여하는 삶을 살며, 삶의 의미를 찾는 것이 필요하다고 주장했다. 긍정적 감정은 인지의 폭을 넓히고, 집중력을 높이며, 창조적 생각을 증진하며, 신체적 활동의 폭을 넓히고, 대인관계를 활성화한다고 한다. 또한 긍정적 감정을 깊이 경험한 사람은 사회적, 정신적, 신체적으로 활발하게 활동한다고 한다.

셀리그만과 동료들은 이러한 결과를 바탕으로 긍정심리학에 근거한 중재방법을 체계적으로 개발했다. 그것은 개인의 강점 파악하기, 긍정적 감정 함양하기, 매일 감사하기, 용서하기, 낙관과 희망 갖기, 사랑과 애착 갖기, 선물하기, 편지 쓰기 등이다. 이런 활동을 과제로 해서 14주 동안 구체적으로 실행하도록 하자 경도 내지 중등도 우울증 환자들이 약물치료, 인지행동치료보다 더 나은 효과를 보았다는 결과에 대한 보고가 있다.

또 '회복 탄력성(resilience)'이라는 심리학 이론이 있다. 그것은 변화에 대처하는 능력으로, 스트레스나 부정적 결과에 직면하더라도 다시 일어설 뿐만 아니라 심지어 더욱 풍부해지는 인간의 능력을 의미한다. 용수철을 생각하면 쉽게 이해할 수 있다. 용수철은 탄력성이 높은 물질로 외부의 힘에 의해 쉽게 늘어나고 변형되지만, 외부 힘을 제거하면 다시 원상태로 쉽게 돌아간다. 회복 탄력성은 외부의 힘에 어떻게 반응하느냐가 중요한 포인트로 훈련를 통해 얻을 수 있으며, 성격적 특성이라기보다는 긍정적 마음을 갖고 모든 대응방안을 사용하며 위기를 헤쳐나가는 자세라 할 수 있다.

탄력성이 높다는 말은 심각한 위협, 위험, 부정적인 상황에 부닥치더라도 자신이 가진 강점과 능력에 대한 신뢰, 문제 해결 능력, 긍정적인 자세 등을 통해 역경을 이겨내는 능력이 높은 것을 말한다. 탄력성의 요인 중 가장 핵심은 바로 가족 내외의 상호지지와 돌봄과 같은 긍정적인 관계다.

멘탈 트레이닝은 위에서 설명한 회복 탄력성 높이기, 긍정 심리학의 중재방법들을 이용해 할 수 있다. 부정적이고 왜곡된 자신의 인지를 깨닫기, 절망이나 위기를 기회로 바꾸기, 긍정적인 감정을 갖고 생활하기 등을 삶에서 실천해보자. 건강하고 건전한 마음과 행동은 우울증에서 벗어나 행복한 삶을 만드는 필수조건이다.

건강하고 보기 좋은 몸매를 위해 몸을 가꾸고 만드는 일이 중요하듯이 눈에 보이지 않는 우리의 정신을 가꾸고 건강한 마음을 갖게 하는 '멘탈 트레이닝'도 정신건강을 위해 일상화될 필요가 있다.

삶에서 정말 감사한 일을
20가지를 써보세요.

내 삶을 사는 것은
나를 사랑하는 첫걸음

혼자서는 어떤 것도 결정하지 못하는
의존성 인격장애의 중년 여성

──────── 진료실에서 상담을 할 때는 내 컴퓨터 모니터에 대기
환자 이름이 뜬다. 어느 날 처음 보는 환자 이름이 모니터에 떠 있
었다. '처음 우리 병원에 오시는 분이구나'라고 생각하고 대기 환
자를 불렀다. 그런데 진료실 문을 열고 들어온 사람은 지난주까지
매주 상담을 받던 중년여성이었다. 나는 놀라서 그녀에게 물었다.
"이 이름은 누구 이름이죠?"

그녀는 약간 어색해하면서 말했다. "새로운 제 이름이에요. 많이
이상하죠? 엄마가 제 이름이 이상해서 팔자가 사나워진 거래요. 그

리고 이름 때문에 병도 얻었다고 하시면서 이름을 바꾸면 지금처럼 힘들지 않을 거래요. 그래서 이름을 바꾸게 됐어요. 그런데 사실 저는 본래 이름이 마음에 들어요. 지금 이름은 어색하고 불편해요."

그녀는 자기 이름의 선택조차도 어머니에게 맡겼다. 사실 그녀의 주 증상은 '혼자서는 아무것도 할 수 없는 것'이었다. 그녀가 병원을 찾아온 이유는 하루 종일 불안해서 살 수가 없다는 것이었다. 그녀는 어린 시절부터 혼자서 할 수 있는 것이 아무것도 없었다. 항상 불안해하고 소극적이었던 그녀는 항상 엄마가 시키는 대로 행동했다.

학창시절 그녀는 엄마가 시키는 대로 쉬지 않고 공부해 좋은 성적을 유지했고, 엄마의 요구대로 과외도 열심히 했다. 그리고 엄마의 뜻에 어긋남 없이 국내 유명 대학의 국문학과에 들어갔다. 하지만 국문학에 관심 없던 그녀는 대학생활 하루하루가 고역이었다. 그때 그녀는 처음으로 죽고 싶다는 생각을 하게 되었다고 한다. 그리고 몇 번의 자살 시도를 했고, 그때부터 우울증이 시작되었다.

우울증은 호전과 악화를 반복했고, 그녀는 엄마가 시키는 대로 남편을 만나 결혼을 했고, 엄마가 원하는 대로 자녀 셋을 낳았다. 이제 그녀에게는 그녀의 조언과 판단을 필요로하는 자녀들이 있음에도 그녀는 여전히 자녀들에게 문제가 생길 때마다 엄마에게 달려가 물어보기에 바빴다.

그녀와 몇 개월 넘게 상담을 하면서 그녀는 원하는 것이 없는 것이 아니라 자신이 원하는 바를 마음에 담고 있다는 사실을 알게 되었다. 하지만 결코 먼저 말하는 법이 없었고 상대방의 입을 통해서 원하는 대답을 듣기를 원했다.

"선생님, 이번 주 백화점에 가서 제가 그동안 눈여겨봐왔던 옷이 있는데 사는 게 나을까요?"

사실 그 질문을 간단하게 번역을 하면 이렇다. '선생님, 저는 이번 주 백화점에 가서 그 옷을 사고 싶어요.' 하지만 그녀는 결코 자신의 생각을 먼저 말하지 않았다.

나는 그녀의 생각을 해석해서 말해주었다. 하지만 그녀는 "선생님 말이 맞아요. 하지만 제 판단에 대한 자신이 없어요. 선생님이 사도 된다고 하면 사고, 사지 말라고 하면 안 살 거예요. 그게 편해요"라고 말했다.

나는 그녀에게 말했다. "옷을 사고 싶은지 사고 싶지 않은지에 대해 ○○님만큼 잘 아는 사람이 아무도 없어요. 자신의 선택을 존중해주세요. ○○님은 그럴 만한 충분한 능력이 있어요."

그러나 그녀의 대답은 이러했다. "한 번도 제 판단대로 살아온 적이 없어서 결정하기가 너무 어려워요."

유명 대학을 졸업하고 자녀를 훌륭하게 키워낸 엄마였지만 그녀는 스스로를 비하했다. 그녀는 자신이 운이 좋아서 좋은 대학에 들어갔고, 아이들이 잘 성장했고, 결혼생활을 유지할 수 있다고 생각했다. 그리고 엄마가 없었으면 지금의 자신도 없을 거라고 말했다.

하루는 그녀가 꿈에 대해 이야기하다가 갑자기 울기 시작했다. "어젯밤에 엄마를 죽이는 꿈을 꿨어요. 착하디 착한 엄마를 제가 죽였어요."

하지만 그녀의 불안을 치료하기 위해서는 어머니와의 분리가 반드시 필요했다. 어쩌면 꿈에서 엄마를 죽인 것은 그녀 스스로 엄마와의 분리가 필수적임을 자각한 그녀의 무의식적 욕구일 수도 있다. 나는 그녀의 꿈에 대해 조심스럽게 해석을 하며 이제는 정말 자신을 위해서 스스로 살아가야 할 때라고 알려주었다. 그리고 그 후로 그녀가 매일 한 가지 이상 스스로 선택해서 행동하는 연습을 하게 했다. 또한 그녀 혼자 선택하고 행동한 결과에 대해서는 적극적으로 인정해주었다.

하지만 몇 번의 연습 후부터는 마치 초등학생이 알림장에 적어놓은 숙제를 선생님께 검사를 맡듯이 숙제 내용의 실천보다는 나에게 숙제 검사를 맡는 행위에 초점을 두는 듯했다. 그리고 나에게 자신의 행동을 확인받은 뒤에는 언제나 "선생님, 칭찬해주셔서 감사합니다"라며 깍듯하게 인사를 했다. 나는 '그녀가 나와도 엄마와의 관계를 반복하고 있구나'라는 생각이 들어 "그저 ○○님이 한 일에 대해서 제가 보여드리는 것일 뿐입니다. 수고한 것은 바로 ○○님입니다"라고 일깨워주었다.

그녀는 치료자인 나와도 분리하는 연습을 해야만 했다. 내가 숙제를 내주지 않아도, 그리고 나를 매주 찾아오지 않아도 그녀 스스로 판단하고 행동하는 연습을 하기 시작했다.

　나중에 그녀에게 어느 이름이 좋은지 묻자 그녀는 솔직히 예전의 이름으로 불리기를 원한다고 대답했다. 나는 그녀에게 말했다.

　"이름을 바꾼다고 해서 ○○님의 인생이 바뀌는 게 아니라는 사실을 이미 잘 알고 계시잖아요. 지금부터는 ○○님의 진짜 이름으로 스스로 사는 인생을 살아보세요."

보호받고자 의존하면서 살고 있다면
끊임없이 결정하는 연습을 하자

──────　위의 중년 여성은 우울증뿐만 아니라 '의존성 인격장애(dependent personality disorder)'를 갖고 있었다. '의존성 인격장애'란, 주변 사람들로부터 보호받고자 하는 욕구가 지나쳐서 자신의 의존 욕구를 만족시키기 위해 주변 사람들에게 끊임없이 매달리고, 의존 욕구가 거절될까 봐 무서워 다른 사람이 무리한 요구를 해도 순종적으로 인정하는 것을 말한다. 이런 사람들은 낮은 자존감을 가진 경우가 많고, 자기 스스로를 폄하하고, 자기주장을 잘 펴지 못한다. 자기주장을 제대로 펴지 못하기에 타인으로부터 신체적, 정신적 학대를 받거나 이용당하기도 쉽다. 사이비 종교나 불법 다단계와 같은 사기에 현혹되기 쉬우며, 범죄사건에 이용당하

기도 한다.

의존성 인격장애를 가진 사람들은 아주 사소한 일부터 하나하나 자기주장을 내세우고 결정을 하는 연습을 반드시 해야 한다. 사실 우리를 둘러싼 삶의 크고 작은 문제들에는 정답이 없다. 하지만 우리 사회는 입시 위주의 교육으로 인해 무엇을 선택하고 해결해야 하는 문제에 닥치면 많은 사람이 그것을 어렵게 생각하고 곤란해한다. 타로점이나 사주팔자와 같은 점집이 성행하고 있는 이유도 스스로가 답을 찾기보다는 누군가 답을 정해주기를 원하는 의존심리 때문일 것이다.

사실 우리 인생은 정답이 없으며, 정해져 있는 것도 없다. 다양하고 예측할 수 없는 상황을 만나고 불안을 견뎌야 하는 것은 내 자신이다. 또한 자기 자신이 가장 원하는 것이 무엇인지, 또 최선이 무엇인지를 알고 있는 주체도 바로 자기 자신이다.

우리는 누가 만들어 놓았는지 알 수 없는 여러 가지 기준들 때문에 자신의 삶을 구속하는 사람들을 어렵지 않게 볼 수 있다. 많은 사람이 가족이 원하는 기준에 맞춰, 그리고 조직이 원하는 기준에 맞춰 자신의 삶을 설계하고 계획한다. 그래서 대다수가 자신이 진정 원하는 것이 무엇인지 모른 채 삶을 살아가고 있다. 그리고 성인이 되어서는 타인이 원하는 삶의 기준대로 열심히 살아왔음에도 행복하기는커녕 알 수 없는 고독감과 허무함으로 괴로워하고 삶이 무너지기도 한다.

진료실을 찾아오는 10대 중반의 청소년들도, 20대의 청년들도, 40대의 장년들도, 60대의 노년들도 똑같이 말한다. "그동안 내가 뭘 원하는지 모르고 살았어요."

전 세계적으로 1인가구의 증가 추세로 혼자서 여행하고, 혼자서 여가를 즐기고, 혼자서 체험하는 문화가 성행하는 시대가 열렸다. 어쩌면 의존적으로 살아가는 사람들에게는 지금 이 시대가 기회일 수도 있다. 지금은 혼자서도 즐길 수 있는 여가 아이템이 많이 개발되어 하고자 하는 의지만 있으면 할 수 있는 것들이 정말 많다. 우리는 스스로가 뭘 하고 싶은지만 생각하면 된다.

남이 정해주는 기준에 자신을 끼워맞추고 그런 삶을 위해 아등바등하며 살기보다 스스로 만들어가고 결정하며 책임지는 삶을 살자. 그 안에서 느끼는 성취감과 자아만족은 삶뿐만 아니라 정신을 풍요롭게 해줄 것이다.

의존성 인격장애 DSM-5 진단기준

돌봄을 받고자 하는 지나친 욕구가 복종적이고 매달리는 행동과 분리에 대한 공포를 초래하며, 이는 청년기에 시작되며 여러 상황에서 나타나고, 다음 중 5가지(또는 그 이상)로 나타난다.

1. 타인의 과도하게 많은 충고, 또는 확신 없이는 일상에서 판단을 하는 데 어려움을 겪는다.
2. 자신의 생활 중 가장 중요한 부분에 대해 타인이 책임질 것을 요구한다.
3. 지지와 칭찬을 잃는 것에 대한 공포 때문에 타인과 의견이 맞지 않는 것에 대한 표현을 하는 데 어려움을 나타낸다(주의: 보복에 대한 현실적인 공포는 포함하지 않는다.)
4. 계획을 시작하기 어렵거나 스스로 일을 하기가 힘들다.(동기나 에너지의 결핍이라기보다는 판단이나 능력에 있어 자신감의 결여 때문임)
5. 타인의 돌봄과 지지를 지속하기 위해 불쾌한 일이라도 자원해서 한다.
6. 혼자서는 자신을 돌볼 수 없다는 공포감 때문에 불편함과 절망감을 느낀다.
7. 친밀한 관계가 끝나면 자신을 돌봐주고 지지해 줄 근원으로 다른 관계를 시급히 찾는다.
8. 자신을 돌보기 위해 혼자 남는 데 대한 공포에 비현실적으로 집착한다.

정신을 지배하고 조종하는
우리 곁의 폭력, 가스라이팅

———— '가스라이팅(Gaslight Effect)'의 정의는 누군가를 통제하기 위해 진실하지 않은 것들을 믿게 만드는 과정, 특히 그들이 실제로 일어난 일에 대해서 자신만의 상상이거나 잘못된 것이라고 믿게 만드는 심리적 조작을 말한다. 가스라이팅이라는 용어는 1938년 연극과 1944년 영화로 만들어진 '가스등(Gaslight)'에서 유래되었는데, 남편이 집안의 가스등의 불빛을 밝게 했다가 어둡게 하는 식으로 아내의 심리를 조종해 아내 스스로 정신병이 있다고 믿게 만드는 내용이다.

2010년대 후반에 신조어로 유행된 '가스라이팅'이라는 용어는 심리학이나 정신의학 문헌에서 사회적 혹은 심리적 현상으로 사용되긴 하지만 아직 공식적인 정신질환용어는 아니며, 정신분석학적으로 말하자면 '타인을 세뇌(brainwashing)하려는 의식적인 의도'로 볼 수 있다.

가스라이팅이 나타나는 사회적 영역은 아주 다양하다. 주로 긴밀한 정서적 관계를 유지할 수밖에 없는 자녀와 부모, 부부, 연인 사이에 나타나 정신 및 신체적 학대로 이어질 수 있으며, 불법 이민자들이나 사회적 약자들을 착취할 목적으로 고용한 사업장들, 사이비 종교, 테러집단 등에서도 나타난다.

가스라이팅은 가스라이팅을 하려는 가해자와 가스라이팅을 당하는 피해자가 있는데 둘의 관계는 평등하지 않다. 가해자는 둘 사이 관계에서 우위의 위치에 있으려고 하며 장기간 상대방을 조종하고 독점적인 관계를 원한다. 가해자는 자신에게 득이 되는 것을 얻기 위해 상대방을 조종하는 것에 대해 전혀 양심의 가책이 없으며 심지어 그런 행동이 상대방에게도 이로울 것이라고 생각한다. 가해자는 병적인 자기애성 성격장애나 사이코패스, 반사회적 성격장애를 가지고 있을 가능성이 높다. 반면에 피해자는 낮은 자존감을 갖고 있으며, 상대방에게 의존적이며, 불안정한 애착관계를 갖고 있고, 불안감이나 우울감이 높을 가능성이 크다. 그래서 자신을 통제해주는 가해자에게 오히려 안정감을 느끼고 가해자를 떠나면 자신의 존재가 무너져 내리는 듯한 공포감을 갖고 있다. 피해자는 병적인 의존성 성격장애나 회피성 인격장애를 가지고 있을 가능성이 크다.

특히 사회적으로 큰 논란이 되고 있는 모 사이비 교주의 성착취는 가스라이팅의 대표적 사례라 할 수 있다. 그 교주는 자신이 메시아이자 구원자라고 하면서 신도들에게 자신과 성관계를 하는 것이 곧 축복이자 구원을 받는 통로라고 세뇌해 믿게 했다.

가스라이팅은 다양한 방식으로 나타날 수 있다. 가해자는 피해자의 기억에 지속적으로 "그게 확실해?" "네 기억이 틀렸어"라고 의문을 제기해서 실제로 일어난 사실을 왜곡한다. 그리고 만약 상대가 자신과 반대되는 이야기를 하면 아예 대화를 거부하거나 이해하지 못하는 척함으로써 상대의 의견이나 의문을 무시해 버린다. 그리고 피해자의 합리적인 우려나 걱정에 대해 "니가 너무 예민하다"는 식으로 비난한다. 자신의 잘못에 대해서는 절대로 사과하지 않으며, 자신의 행동의 원인을 피해자로 돌린다. 예를 들면 "니가 날 화나게 했기 때문에 내가 널 때린 거야, 화나게만 하지 않았다면 아무일도 일어나지 않았어"라는 식이다.

마지막으로 가해자는 피해자를 무능력하게 만들어 피해자의 판단이 항상 어리석고 잘못됐다고 말하며 자신의 생각을 강요한다. 그리고 피해자가 신고를 하더라도 아무도 네 말을 믿지 않을 거라고 협박하며 외부와 단절되도록 유도한다.

다음은 가스라이팅의 징후다.

*   자신의 인식에 대한 불확실한 느낌.

* 사물을 올바르게 기억하고 있는지 반복적으로 질문한다.
* 자신이 비합리적이거나 미쳤다고 믿는다.
* 스스로 무능하다고 생각하거나 자신감이 없거나 무가치하다는 느낌이 든다.
* 학대하는 사람에게 끊임없이 사과를 한다.
* 학대하는 사람의 행동을 다른 사람에게 변호한다.
* 다른 사람으로부터 크게 위축되거나 고립감을 느낀다.

위와 같은 증상이 나타난다면 다음과 같이 대처해 보자.

* 자신의 기억을 일기로 남긴다: 경험한 직후의 날짜와 시간 및 세부사항을 적음으로써 기억이 왜곡되지 않게 남겨놓는다.
* 신뢰할 수 있는 사람과 대화한다: 가장 친한 친구, 가족 또는 정신과 전문의, 심리사를 방문해 자신의 상황에 대해 객관적인 관점을 얻는 데 도움을 받는다.
* 사진이나 음성 메모를 남기기: 자신의 기억을 사실확인 하는 데 도움이 된다.
* 물리적인 폭력이 지속적으로 있다면 바로 112에 신고하고, 증거를 수집하고, 최대한 가해자와 거리를 두어야 한다.

우리의 감정들은
큰 전파력을 갖고 있다

비관적 사고에 사로잡힌 30대 남자

─────── 너무 우울하고 세상을 왜 살아야 하는지 모르겠다고 찾아온 30대 초반의 남성이 있었다. 그는 되는 일은 하나도 없고 자신을 둘러싼 사람들은 하나같이 자기중심적이고 못된 사람들만 가득하다고 생각했다. 매일 동료 직원들에게 괴롭힘을 당한다고 생각한 그는 괴로움을 참지 못하고 직장을 그만두었다.

지치고 힘든 그에게 나는 여행을 권했다. "잠시 여행을 다녀오는 것이 어때요? 국내도 좋고, 가까운 해외도 좋구요."

그는 매우 시니컬하고 무미건조하게 대답했다. "어차피 현실로 돌아올 여행을 왜 가야 하나요? 비극적인 현실을 잠시 여행으로 회피하는 거잖아요. 돈 들고 시간 들고 하는 그런 미련한 짓을 왜 해요?"

그와 대화를 하는 내 마음도 몹시 불편해졌다. 그는 극단적인 비관주의에 사로잡혀 있어 모든 것이 불만투성이였다. 감정은 원래 파급력이 있기에 그의 부정적인 기운은 주변 사람들을 지치게 하고 불편하게 해서 사람들은 그에게 친절하지 않게 대했고, 그는 그것을 자기를 괴롭힌다고 받아들였던 것이다.

사실 그는 원래는 비관주의자가 아니었다. 어린 시절 그는 나름 밝고 자신감도 넘쳤다고 한다. 하지만 대학에서 학점 관리를 잘 해놓으면 자신이 원하는 직장에 취업할 수 있을 거라는 믿음이 무너지고 난 이후에 그의 우울증은 시작되었다. 정말로 최선을 다했고, 성적도 좋았지만 자신의 기대와 다른 냉혹한 현실에 부닥치자 그것을 받아들이기가 힘들었다. 금수저, 흙수저로 분류되는 한국의 신계급론은 그의 불만을 표현하기에 딱 맞는 이론이었다. 그는 어차피 흙수저인 인생은 절망뿐이므로 열심히 살 필요가 없다고 생각했다. 그의 유일한 낙은 SNS에서 알게 된 지인들과 저녁에 맥주를 마시면서 가벼운 대화를 나누며 시간을 보내는 것이었다.

그의 화법을 자세히 들여다보면 심각한 인지왜곡들이 보였다. 과일반화(overgeneralization)와 이분법적 사고(all or nothing), 그리고 파국적 해석(catastrophizing)들이 주된 왜곡들이었다. '과일반화'는 한두 번의 사건에 근거해 일반적인 결론을 내리고, 상관없는 상황에도 그 결론을 적용하는 오류를 말한다. '이분법적 사고'는 모 아니면 도라는 식의 사고로 상황을 연속적 개념이 아닌 극단적인 개념 두 가지로만 생각하는 것이다. '파국적 사고'는 다른 가능성을 고려하지 않고 부정적인 극단적 결과를 예상하는 것을 말한다.

그는 자신이 원하는 좋은 직장에 들어가지 못하는 좌절을 겪은 후로는 어떤 노력을 해도 소용이 없다는 사고를 가지게 되었고, 그것이 곧 실패한 인생이라고 생각했으며, 어떤 시도를 하든 모두 소용없을 것이라는 생각을 하게 된 것이다.

나는 그에게 한 가지 질문을 던졌다. "당신이 먹으려던 큰 애플파이 한쪽 귀퉁이에 똥파리가 앉았다면 어떻게 하시겠어요?"

"선생님! 세상에나… 그런 끔찍한 일은 상상도 하기 싫지만… 똥파리가 앉아 있던 파이를 제가 어떻게 먹어요? 휴지통에 버려야죠!"

그는 인상을 찌푸린 채 신경질적으로 대답했다.

"똥파리가 앉았던 자리만 파이에서 도려내고 먹을 수는 없나요?"

"그건 정말 말도 안 되고, 상상도 할 수 없는 일이에요. 혹시 저를 시험하시는 건가요?"

그러고는 당연한 것을 물어보는 내가 이상하고, 나를 도저히 이해하지 못하겠다는 눈빛으로 쳐다보았다.

우리는 어린 시절부터 똥에 대한 양가감정을 갖고 있다. 똥이 더

럽고 피하고 싶은 존재임에는 틀림없으나 동시에 매일 마주하는 것이 바로 똥이다. 똥은 한편으로 은밀하다. 화장실이라는 은밀한 공간에서만 자신의 똥과 조우할 수 있다. 똥을 개방된 곳 어디에서든지 배설하는 강아지들처럼 우리 인간은 그리 용감하지 않다. 또한 똥을 대놓고 이야기하는 어른은 없다. 다만 어린아이들만 유난히 똥 이야기를 좋아한다. 심지어 아기들은 똥을 싼 뒤 자기 똥을 손으로 만지거나 입에 갖다 대기도 한다. 왜냐하면 그들에게는 똥이 더럽다는 개념이 없기 때문이다. 똥도 아기에게는 탐색해야 할 하나의 존재에 속하기에 손을 내밀어 촉감을 느끼거나, 혀를 내밀어 맛을 보려고 한다. 이것은 인간 본연의 욕구다.

그러나 만약 아기가 똥을 만지면 주변의 반응은 어떠한가? 엄마는 마치 아기가 일촉즉발의 위험에 빠진 듯이 난리를 떨며 아기에게 경고를 할 것이다. "에구~ 똥은 더러워! 만지면 안 돼."

초현실주의 화가 살바도르 달리는 똥에 관해 다음과 같이 말했다. "나는 똥을 관찰하고 그것에 관해 말하는 게 당연하다고 생각한다. 내 똥은 완전히 나의 일부이며, 그 농도, 향기, 형태는 나의 기분, 나의 직업, 나의 삶의 방식에 상응한다."

달리는 똥에 대한 사회의 지나친 편견과 부정적 인식에 맞서 말한 것이다. 그가 말한 대로 똥은 우리의 일부분이며 내 몸속에 늘 지니고 있는 존재임에도 우리는 똥을 더럽고 혐오스러운 존재로 생각하며 심지어 우리 자신을 오염시키는 것 같은 느낌을 받기도 한다.

위의 내담자는 똥파리가 애플파이의 일부에 앉았더라도 전부를 버려야 한다고 생각하는 것처럼 자신이 갖고 있던 소중한 기억과 자존심이 조금이라도 오염이 되면 그것들 전부를 쓰레기처럼 여기고 버렸다. 오염에 대한 그의 지나친 두려움은 그의 자존감을 파괴했다. 다시 말하면, 작은 하나의 부정적인 사건이 일어나면 그와 관련된 긍정적인 경험들도 다 같이 부정적으로 생각했다. 삶에서 부정적인 사건이 일어날 때마다 그는 자신의 소중한 일부분들을 버리기 시작했고, 그러다 보니 자신의 전체 이미지는 볼품없는 쓰레기가 되어버렸고, 속은 텅 비어 있는 빈 페트병처럼 느껴지게 된 것이다.

그는 어린 시절 엄격한 어머니 밑에서 성장했다. 그래서 항상 예민하고 칭찬에 인색한 어머니에게 인정 받기란 쉽지 않았다. 그는 대학생이 되자 아홉을 잘해도 하나를 잘못하면 "니가 하는 일이 늘 그렇지!"라고 비난하는 어머니의 양육방식이 다른 부모들과 많이 달랐음을 비로소 깨닫게 되었다. 그것에 대한 원망과 분노로 그는 어머니를 떠났다. 그리고 혼자 살면서 청결에 대한 강박증이 점차 심해져 주말에는 하루 종일 집을 청소하느라 모든 에너지를 쏟는 바람에 다른 여가활동을 할 엄두를 내지 못했다.

부정적인 사건과 감정을 전부라고 여기고
전체로 확대하지 말자

──────── 프로이트는 인간의 발달단계를 심리학적으로 설명했는데 인간은 구강기, 항문기, 남근기, 잠복기, 생식기로 나뉜다고 했다. 인간은 배고픔, 성욕, 공격성과 같은 쾌락 추구의 욕구가 있는데 특히 2~3세 사이를 항문기라고 명명했다. 그 시기에는 쾌락의 근원이 물고 빠는 구강에서 배설물을 보유하거나 방출하는 항문으로 이동하게 된다고 설명했다. 2~3세는 대소변 훈련이 이뤄지는 시기로, 어린아이가 똥, 오줌을 배출하고 싶은 본능적인 욕구를 조절하는 방법을 부모에게서 배우게 된다.

그런데 만약 부모가 엄격하고 억압적인 방법으로 대소변 훈련을 가르치면, 아이는 똥에 대한 극도의 두려움과 혐오감을 갖게 되면서 청결에 대한 강박증이나 완벽주의와 같은 성향을 지니게 된다. 반면 부모가 적절하게 칭찬해주고 아이의 자율성을 인정해주면, 똥에 대한 지나친 거부감도 없을뿐더러 세상에 대해서 창의적이고 능동적인 사람으로 성장할 수 있다.

위의 내담자에게 필요한 것은 마치 똥처럼 그간 변기통에 버려진 소중한 경험들과 기억들을 변기통에서 꺼내고, 앞으로 다가올 소중한 경험들을 쓰레기로 만들어 휴지통에 버리는 일들이 벌어지지 않도록 하는 것이었다. 또한 그에게 소중한 경험을 이야기할 때마다 떠오르는 부정적인 사건들은 별개의 문제임을 분명히 알려주었다.

그는 약물치료에도 반응이 좋아 시간이 흐르면서 점차 우울증도 많이 호전되었다. 그는 그 후로 주말마다 국내외 여행을 다니고 있다. 그곳에서 만난 새로운 사람들과 이야기를 나누고 낯선 곳에서 새로운 경험을 하는 것이 이제는 그에게 삶의 낙이 되었다. 그는 예전과 완전히 다른 느낌과 다른 생각으로 살아가는 게 날마다 신기하고 놀랍다고 이야기했다. 한번은 그가 여행지에서 사온 작은 기념품을 나에게 수줍은 듯이 건넸다. 그가 선물해준 컵에 그려져 있는 밝게 웃고 있는 만화 주인공이 마치 그인 것처럼 느껴지며 나도 따라서 미소가 지어졌다.

감정은 이처럼 큰 파급력을 갖고 있다. 우리 자신의 생각과 마인드가 주위 사람들에게 영향을 끼치고 결국에는 우리 삶에도 큰 영향을 미치게 되는 것이다. 그래서 삶 속에서 긍정적인 생각을 하도록 의식적으로 노력할 필요가 있다.

우울증은 원하던 것이 좌절되거나 실패했을 때 다가온다

죽음을 앞둔 사람들의 마음

──────── 의과대학생 시절, 정신과 전문의 엘리자베스 퀴블러 로스의《죽음과 죽어감》이라는 책을 읽고 큰 영향을 받은 적이 있다. '어떻게 죽는 게 삶을 의미 있게 하는 것인가?'라는 그녀가 던지는 물음이 내게 큰 의미로 다가왔다. 그리고 죽음의 의미를 발견하는 것은 역설적으로 지금 살고 있는 삶의 의미를 더 소중하게 느끼도록 한다는 진리를 깨닫게 되었다. 정신의학 수련을 마치고 정신과 전문의가 되어 내가 가장 먼저 찾은 곳은 암 전문병원이었다.

막상 병원에서 일해보니 교과서를 통해 알고 있었던 말기암 환자들의 삶과 현실에서의 그들의 삶은 상당한 괴리가 있었다. 의학

교과서에는 말기암 환자들에게 거짓된 희망과 의미를 주기보다는 환자들에게 직접 병에 대해 설명할 것을 권장하고 있다. 내가 죽는 문제이기 때문에 당연히 내 몸의 상태가 어떤지, 앞으로 살 수 있는 기간이 얼마나 남았는지에 대해 정확하게 알 권리가 있는 것은 당연하다. 그러나 우리나라 암 환자의 대부분은 자신의 병에 대해 정확히 알고 있지 못했다.

2010년 국립암센터가 11개 병원의 암 환자 481명을 대상으로 한 연구 조사에 따르면, 말기암 환자의 58%만이 자신이 말기라는 것을 인지하고 있었다. 또한 말기 환자가 자신의 가족들 혹은 의료진과 자신의 임종 문제를 상의하는 경우는 20~30%에도 미치지 못했다. 이는 70%가 넘는 말기 환자들이 자신의 죽음에 대해 어느 누구에게도 의사를 제대로 밝히지 못한 채 죽음을 맞이하고 있다는 현실을 보여준다. 즉, 죽음에 대해서 말기암 환자들의 자기결정권이 존중되지 못하고 있는 것이다. 국립연명의료기관 통계에 따르면, 2018년 2월 연명의료결정법이 시행된 이후 연명의료를 거부하고 숨진 환자의 비율이 늘고 있기는 하지만, 연명의료 중단 결정의 61.5%는 가족들이 결정하고 38.5%만이 자신이 결정하는 것으로 나타났다. 더 엄격하게 보자면 건강할 때 존엄하게 죽기를 희망해 사전연명의료의향서를 등록해 존엄사를 택한 환자의 비율은 5.9%에 그치고 있다.

아마도 이것은 한국 사회의 특징 때문일 것이다. 한국은 개인인

'나'보다는 집단 '우리'가 중시되는 사회다. 그래서 개인의 권리나 주장보다는 가족의 권리나 주장을 따라 살아갈 때가 많다. 그래서 인생의 마지막을 마무리하는 죽음도 개인의 목소리를 존중하기보다는 가족의 목소리를 더 중시하는 경향이 있다.

내가 상담했던 몇몇 말기암 환자들도 예상 수명이 한 달도 채 남지 않았음에도 자신의 죽음에 대해서 전혀 준비를 하지 못하고 있었다. 그중 한 말기암 환자를 상담하러 찾아갔는데 병실 입구에서부터 간병인과 대화하는 소리가 크게 들려왔다. 조용하고 가라앉아 있는 암병동에서 볼 수 없는 광경이었다. 나는 서둘러 그 환자에게 다가갔다.

그는 나에게 밝게 인사를 하면서 "정신과 의사? 난 필요없는데…"라고 하며 내가 온 것을 크게 개의치 않는 듯 계속해서 자신의 이야기를 했다. 그러고는 예전과 달리 팔다리에 힘이 생기고 목소리도 커졌으며 식사량도 늘었다며 나에게 자신은 우울증이 없다고 단호하게 말했다.

죽음에 대한 물음에는 자신이 해야 할 일들이 아직 많이 남아 있기 때문에 지금은 죽음이란 것을 생각할 때가 아니라고 했다. 그래서 나는 옆에서 조용히 그의 파란만장한 삶의 이야기를 들으며 그의 삶의 의미를 함께 돌아보았다. 의사인 나도 그에게 해줄 수 있는 일은 그의 이야기를 들어주는 것뿐이었다. 그리고 마지막에 "내일 더 재미난 이야기를 들으러 오겠습니다"라고 인사를 하고 병실을 나왔다.

　하지만 다음 날 상담을 하러 다시 그의 병실을 찾았을 때 비어 있는 그의 침대를 보게 되었다. 죽음을 맞이한 그도, 의사인 나도 그의 죽음을 예측하지 못했다. 옆에 가족의 따뜻한 위로도 없이 홀로 세상을 떠나야만 했던 그의 죽음이 너무나도 쓸쓸하고 외롭게 느껴졌다.

　그리고 40대 중반의 다소 젊은 나이에 말기암 선고를 받은 여성이 있었다. 보통 의사인 내가 거동이 불편한 말기암 환자를 보기 위해 병실로 찾아갔지만, 특이하게도 그녀는 내 진료실로 직접 오겠다고 했다. 그녀는 휠체어를 손수 끌고 진료실로 찾아왔다. 그녀는 맑고 아름다운 눈웃음을 갖고 있었다. 내가 "눈빛이 참 예쁘세요"라고 말하자 그녀는 "아마 처음 암 진단을 받았을 때 만났다면 절대 그렇게 보이지 않았을 거예요"라고 대답했다.

　그녀는 자신이 암에 걸렸다는 사실을 처음 알았을 때는 병에 대한 부인과 의심, 분노로 하루하루를 보냈다고 한다. 하지만 자신이 암에 걸렸다는 변하지 않는 사실을 어렵게 깨닫고 난 이후에는 암을 받아들이고 죽음을 준비하는 중이라고 말했다. 그리고 스스로 어떻게 죽고 싶은가에 대해 고민 중에 있는데 차가운 병실 매트리스 위에서 온몸에 주삿바늘과 수액을 연결한 채로 죽고 싶지는 않다고 덧붙였다. 그러면서 지금 멋진 프로젝트를 시행하고 있는데 바로 자신의 인생에 대해 에세이를 쓰고 있다는 것이었다.

그녀와의 상담은 여러 차례 이뤄졌는데 내가 그녀의 병실로 찾아가면 언제나 노트북으로 에세이를 쓰고 있거나 암 진단을 받기 이전부터 하던 번역일을 하고 있었다. 그리고 상담시간에는 언제나 밝게 웃으며 나에게 삶에 대해 이런저런 조언을 해주었다. 그러한 그녀를 보며 나는 그녀가 이 세상의 어느 누구보다도 주도적이고 아름다운 삶을 살고 있다고 생각했다. 그녀의 삶은 엘리자베스 퀴블러 로스가 한 말을 떠올리게 했다.

"삶의 마지막 순간에 바다와 하늘과 별 또는 사랑하는 사람들을 한 번만 더 볼 수 있게 해달라고 기도하지 말라. 생의 마지막 순간에 간절히 원하게 될 것, 그것을 지금하라!"

삶이 우울하다면 생의 마지막에 가장 하고 싶은 것을 당장 해보자

──────── 엘리자베스 퀴블러 로스는 죽음의 적응과정을 5단계로 설명했다.

1단계는 충격과 부정(shock and denial)의 단계다. 자신이 죽을지도 모른다는 소식을 듣고 충격을 받게 되면, 자신의 상황을 먼저 부정한다. '아니야, 그럴 리가 없어' '내가 죽는다니 말도 안 돼!' 등과 같은 반응으로 의사의 진단이 잘못됐거나 검사결과가 잘못됐을 거라는 생각에 여기저기 다른 병원을 가보거나 자신은 병이 없다며 치료를 거부하기도 한다. 어떤 환자는 죽음에 이르기까지 이 단계에 머물러 있을 수도 있다.

2단계는 분노(anger)다. 환자는 죽음을 확인하며 자신의 주변 모든 것에 화를 낸다. "왜 하필 나야?" "이런, 돌팔이 의사 같으니라구!"와 같은 반응으로 자신을 돌봐주는 가족, 친구, 의사 그리고 신에 대해 저주하거나 원망하기 시작한다.

3단계는 타협(bargaining)이다. "날 살려주기만 한다면 원하는 대로 돈을 주겠소!" "이번에만 저를 살려주시면 평생 착하게 살겠습니다"라며 의사, 가족, 그리고 신과 타협하려 한다. 어떻게 하면 죽지 않을 수 있을까 라는 생각에 종교기관에 헌금을 하기도 한다.

4단계는 우울(depression)이다. 환자는 어떠한 타협도 통하지 않는다는 사실을 깨닫고는 결국 절망하고 우울해한다. 하루 종일 멍하니 있거나 갑자기 울음을 터뜨리기도 하고 정신운동이 감퇴된다. 심지어는 자살을 고려한다.

5단계는 수용(acceptance)이다. 환자는 죽음을 피할 수 없음을 알고 이를 받아들인다. 용기 있게 죽음과 사후의 일에 대해 주변 사람들과 솔직하게 이야기를 나누고, 남아 있는 사람의 슬픔에 대해서도 이해하기 시작한다. 이때 종교적 신앙이 도움이 된다.

죽음의 문제는 비단 말기암 환자들에게만 해당되는 것이 아니다. 병이 없는 사람일지라도 죽음을 피해갈 수 있는 사람은 아무도 없고, 죽음이 언제 올지 예측할 수 있는 사람도 없다. 나는 우울증 환자와 상담을 할 때 그들에게 의도적으로 죽음에 대해 물어본다.

"죽음에 대해서 어떻게 생각하세요?"

"죽고 나면 어떤 일이 벌어질 것 같나요?"

그간 잘 생각해보지 않은 이런 질문에 환자들은 진지하게 고민하기 시작한다. 막연히 죽고 싶다는 생각을 하다가 막상 구체적으로 죽음에 대해 생각하다보면 역설적으로 자신이 놓치고 있는 삶의 의미가 떠오르게 된다.

우리 모두는 태어나고 싶어서 태어난 사람도 없고 죽음을 피할수 있는 사람도 없다. 이것이 인생의 진리다. 누구도 피할 수 없는 죽음이라면, 죽음 자체를 무서워하고 부정하기보다는 어떻게 죽을 것인가에 대해 진지하게 고민해보는 편이 낫다. 그러면 지금 우리에게 주어진 한 번뿐인 인생을 어떻게 보낼 것인가 하는 문제가 중요한 의미로 다가온다. 그렇게 죽음의 의미를 생각하다보면 자연스럽게 지금이라도 당장 하고 싶은 것을 하며 사는 것이 얼마나 소중한지 깨닫게 된다.

우울증은 하고 싶은 것이 있었지만 그것이 좌절되거나 실패했을 때 다가온다. 또한 우울증이 만성화되면 하고 싶은 게 사라지고 아무런 의욕이 생기지 않게 된다. 그렇게 우울감이 스스로를 잠식해버리기 전에 지금 당장 하고 싶은 것이 무엇인지 리스트를 적어보자. 한 번의 좌절이나 실패로 너무 의기소침할 필요가 없다. 오늘

하루가 생의 마지막이라면 간절하게 원하는 것, 그것을 당장이라도 해보자.

죽음의 의미는 우리 삶에서 단지 슬프고 우울한 끝이 아니라 자신의 삶을 돌아보게 하고 지금 주어진 시간이 얼마나 소중하며 내게 소중한 존재가 무엇인지를 돌아보게 하는 의미가 있다.

우리 삶의 시간이 정해져 있는 이유는 어쩌면 주어진 시간을 최대한 보람 있고 열정적으로 살게 하기 위해서는 아닐까?

만약 오늘이 당신 생의 마지막이라면 당신이 가장
하고 싶은 것이 무엇인지 리스트를 적어보세요.

제3장   외로움

만약 무엇인가에 집착하고 있다면, 그것이 물질이든 사물이든 사람이든 행위
이든 그것은 곧 나의 자율성과 조절감을 다른 존재에게 맡기고 있다는 것을
의미한다. 다른 존재의 도움을 통해 일시적으로 만족감을 얻는 것이 반드시
나쁘다고 말할 수는 없지만, 그 존재에 익숙해져서 그 존재가 없을 때 불안감,
예민함, 감정의 기복, 자기 파괴적 행동이 나타나게 된다면 그것은 도움을 받
는 것이 아닌 종속되어 있음을 나타낸다.

공감이 치유에 미치는 절대적인 영향

공유 정신병을 앓는 엄마와 아이

─────── 한번은 9세 여자아이의 주치의를 맡게 되었다. 오랫동안 조현병(정신분열증)에 대한 치료를 받지 않고 방치된 엄마와 살던 아이가 입원하게 된 것이다. 아이의 엄마는 따로 성인 여자 병동에 입원했다

아이 역시 엄마가 가지고 있던 피해망상을 같이 갖고 있었으며 정상적인 또래들과의 관계가 불가능했기 때문에 입원이 필요했다. 피해망상의 내용은 밤마다 나쁜 사람들이 집에 침입해서 나쁜 짓을 한다는 것이었다. 조현병을 앓고 있는 엄마와 단둘이 살았던 아동은 엄마의 망상을 그대로 같이 공유하고 있었다.

이를 정신의학에서는 '공유 정신병적 장애(shared psychotic disorder)'라고 한다. '공유 정신병적 장애'란 망상적 믿음이 한 사람에게서 다른 사람으로 전파되는 것이며, 정신병 환자와 오랫동안 가까운 관계에 있는 사람에게서 비슷한 정신병적 증상이 발생하는 것을 말한다. 그래서 소위 직계가족, 소규모의 폐쇄적 집단, 사이비 종교단체 사이에서 많이 나타나는 것을 볼 수 있다.

아이는 입원 후 첫 며칠간은 계속 엄마를 찾았다. 엄마가 안전한 곳에 있고 지금 아프기 때문에 치료가 필요해서 당분간 만날 수 없음을 재차 설명했지만 전혀 소용이 없었다. 아이는 엄마에게서 떨어져 '분리불안' 감정을 보이고 있었다. 아이를 도와주려는 치료진의 손길은 9세 아이에게는 너무도 낯설고 두려운 것이었다.

당시 초보 정신과 전문의였던 내가 9세 아이에게서 입원 전에 무슨 일들을 겪었는지 알아낸다는 것은 결코 쉬운 일이 아니었다. 내게는 그것이 낯설고 두렵게 느껴졌다. 막막하고 답답해하던 나에게 담당 스텝 선생님이 찾아와 말씀하셨다. "무조건 같이 놀아주세요!"

선생님의 지혜로운 해법은 바로 적중했다. 나는 매일 아이를 찾아가 한 시간씩 또는 그 이상 함께 시간을 보냈다. 그리고 병원에 있는 놀이치료실에 데리고 갔다. 놀이치료실 문을 열자 아이는 눈을 반짝이며 그동안 전혀 볼 수 없었던 모습을 보였다. 여기저기서 인형, 장난감들을 만지고 꺼내어 놀면서 그간의 침울했던 감정이 생기로 변했다.

아이는 말도 많아지고 적극적인 모습으로 "선생님! 선생님이 이거 잡고 있어요. 제가 던질게요!"라고 말했다. 나는 농구골대가 되고, 아이는 농구공을 열심히 튀기며 놀이를 했다. 그렇게 하다 보니 그동안 두 모녀 사이에 어떤 일들이 있었는지, 나쁜 놈들이 찾아와서(망상이지만) 얼마나 무서웠는지, 그리고 9세 아이의 눈을 통해 본 세상이 얼마나 위험하고 무서운 곳인지를 이해할 수 있게 되었다.

치료를 진행한 지 두 달이 지났을 때였다. 아이의 어머니도 약물치료와 상담치료를 하면서 큰 호전을 보였고, 아이 또한 어머니와 분리된 뒤 망상적 경험을 하지 않게 되면서 안정을 찾았다. 약간은 거칠고 공격적인 언행도 차분해지고, 나중에는 병동에 있는 간호사 언니들 사이에서 사랑받는 귀염둥이가 되어 있었다.

담당 스텝 선생님과의 상의 끝에 아이와 어머니를 더 이상 분리할 필요가 없다고 판단했고, 마침내 아이와 어머니는 눈물의 상봉을 했다. 그리고 며칠 뒤 엄마와 아이는 함께 퇴원했다.

건강한 인간관계를 위해서 가장 중요한 것

───── 9세 딸과 조현병을 앓고 있던 엄마 사이에는 감정의 교류, 즉 서로 공감을 해주고 공감 받는 경험을 했을 가능성이 적다.

병을 앓고 있었던 엄마는 조현병의 특징이라 할 수 있는 정서적 표현의 제한으로 인해 딸에게 제대로 된 정서적 표현을 해주지 못했을 것이다. 아마도 엄마는 자신의 체계화된 피해망상 속에서 자폐적으로 살아갔을 것이고, 건강한 바깥세상을 전혀 경험하지 못한 딸은 엄마의 불안, 분노, 우울감을 그대로 흡수하게 되었을 것이다.

딸이 학교에 가서도 적응을 하지 못하고, 또래 친구들과 불화가 생기는 원인 또한 감정의 교류, 공감하는 방법을 배우지 못한 결과였다. 이는 부정적 반응의 고리라고 볼 수 있다. 즉, 세상을 향한 부정적 인식으로 인해 부정적 반응을 세상으로 투사하고, 세상은 부정적 평가를 딸에게 돌려준다. 결국 끊임없는 부정의 악순환이 이어지는 것이다.

진료를 하다 보면 건강한 공감을 하지 못하는 경우를 수없이 본다. 다음의 사례도 그런 경우다.

외도하는 남편 때문에 늘 남편에 대한 분노와 서운함으로 가득 차 있는 아내가 있었다. 그녀는 자신의 어린 딸에게 매일 밤 남편의 흉을 보았다. 자신의 부끄러운 가정사를 남에게는 이야기할 수 없지만, 감정을 공유해야 할 대상이 필요했는데 그것이 바로 어린 딸이었다. 하지만 어린 딸은 아빠에 대한 큰 불만이 없었다. 아빠가 집에 들어오면 엄마와는 데면데면했어도 자기와는 잘 놀아주었기 때문이다.

아빠는 딸의 생일에는 예쁜 인형을 사주고, 주말이면 딸과 놀이

공원을 가주곤 했다. 어린 딸은 매우 혼란스러웠다. '나에게 이렇게 잘해주는 아빠가 왜 엄마를 괴롭힐까?' 그러나 딸은 아빠 때문에 괴로워하는 엄마에게 아빠가 좋은 사람이라는 말을 감히 하지 못했다. 그래서 아이는 아빠에 대한 양가감정으로 오랜 시간 힘들어했다. 결국은 엄마의 감정이 점점 딸을 지배하게 되어, 딸은 아빠를 봐도 웃어도 안 될 것 같고, 놀이공원을 따라가서도 안 될 것처럼 느꼈다. 그리고 아빠가 점점 미워지고 아빠를 볼 때마다 화가 나기 시작했다.

이 사례는 엄마와 딸의 건강하지 못한 감정 교류의 전형적인 모습이다. 이는 달리 말하면 '동감'일 뿐이다.

환자를 상담할 때 치료에 가장 효과가 있는 중요한 요소가 있다. 바로 치료자와 환자 사이의 정서적인 애착관계다. '공감(empathy)'이란 치료자가 환자의 경험을 진심으로 이해하고 느끼는 것을 말한다. 이는 '동감(sympathy)'과는 다르다. 동감은 치료자가 환자와 정서적인 객관적 거리 없이 환자의 감정에 치료자 자신도 빠져버리는 것을 말한다. 위의 사례에서 엄마와 딸이 동감에 빠지는 것과 같다.

치료자가 공감의 감정을 유지하면서 환자에 대해, 환자의 주변 환경에 대해 이해하게 되면 환자에게는 변화가 일어난다. 앞에 나온 사례에서도 볼 수 있듯이 9세 아이를 치료할 수 있었던 이유는 아이의 입장을 이해하면서 아이 자신이 변화했기 때문이다. 단순히 아이와 놀아줬을 뿐 어떤 특별한 기술도, 기법도 필요하지 않았지만 아이와 함께 놀다 보니 어느새 우리 사이에는 유대감이 생겨났다. 놀이를 통해 즐겁고 유쾌한 기분은 아이에게도, 그리고 나에게도 번졌고 그제서야 우리는 서로 비밀을 털어놓을 수 있게 되었다.

이는 우리가 살아가면서 우리를 둘러싼 대상들과 관계를 맺을 때도 마찬가지다. 우리가 상대에게 진심으로 공감을 하고 있는지 곰곰이 생각해보자. 친구가 속상한 일이 있을 때 형식적으로 맞장구만 쳐주는 것은 아닌지, 회사에서 상사로 인해 생긴 분노를 쏟아내는 남편의 이야기를 듣자마자 남편의 분노를 모두 흡수한 채 그날부터 불면과 소화불량으로 고생하지 않았는지 돌아보자. 그랬다면 그것은 진심으로 공감하는 것이 아니다.

진정한 공감이란 바로 상대방의 마음을 읽고 이해해주는 것이다. 상대를 이해하게 되면 상대의 입장이 되어 그에게 가장 필요한 것이 무엇인지를 느끼게 된다. 그리고 진심을 담아 그것을 줌으로써 상대는 위로받고 치유하는 데 도움을 받게 된다. 그것은 건강하고 바람직한 인간관계를 위한 중요한 필요조건이다.

행복한 삶을 위한 진짜 조건

조건이 인생의 전부라고 생각하는 명문대생

——————— 한번은 자살을 시도한 명문대생이 찾아왔다. 그녀는 자신을 이렇게 말했다.

"선생님, 저는 바보 멍청이에요."

그녀는 초등학교 때부터 영재교육을 받고, 국제중학교, 과학고를 거쳐 우리나라 최고의 명문대를 다니는 엘리트였다. 그래서 그녀의 말이 더 충격적으로 다가왔다. 그녀는 스스로 바보 같다는 생각에 온종일 괴롭다고 말했다. 그리고 중학교 때 친구들과 어울리지 못하고 거의 혼자서 지냈던 자신의 과거가 계속 떠오른다고 했다.

그녀의 꿈은 우리나라 최고의 대학에 진학하는 것이었다. 그녀는 어릴 때부터 영재라는 말을 들으면서 1등을 놓친 적이 없기에 그것은 당연한 것으로 여겨졌다. 국제중학교, 과학고를 다닐 때 빡빡하고 무미건조한 공부환경은 견디기 힘들었지만 그녀는 최고 일류대에 입학해야 한다는 일념으로 버텼다. 하지만 막상 목표로 하던 대학에 입학을 하고 나니 20년 동안 그녀를 지배하고 있던 목표가 사라지게 되었다. 그러면서 이제는 어떻게 살아야 하는지에 대한 막막함이 그녀에게 밀려들었다.

나는 우리나라 엘리트 젊은이들이 겪는 증상이 마치 세뇌와 비슷하다는 생각이 들었다. 이스라엘 심리학자 아리엘 메라리는 젊은이들이 테러리스트가 되는 과정을 '터널'에 비유했다. 그렇다면 터널의 의미는 무엇일까?

터널은 가늘고 긴 통로로 외부로부터 완전히 차단되어 있다. 입구에 들어서면 출구까지 빛이 존재하지 않는다. 터널에는 두 가지 요소가 있는데 터널을 빠져나가는 동안 외부의 자극으로부터 차단되고, 출구를 향해서 가는 중에 어느 지점에서 시야협착 증상이 나타나 출구라는 한 점만 눈에 들어오게 된다.

오카다 다카시의 《심리를 조작하는 사람들》에서는 이 터널효과를 언급하면서 엘리트 집단의 자녀 교육방법도 이와 같다고 설명한다. 가장 감성이 풍부한 시기인 청소년 시기를 터널 속에서 단조롭고 고립된 채 보내다보면 외부세계는 어떻게 돌아가는지 모르고 결국 외부세계에 적응할 수 없게 된다.

위의 학생은 오로지 최고 대학이라는 목적을 향해 달려 긴 터널을 빠져나왔다. 하지만 다양한 경험과 시행착오를 하지 않았던 그녀는 대학 입학 이후에는 아무 목적도 없이 지내다가 결국 희망 없음과 모든 것이 끝났다는 생각에 자포자기하고 자살을 시도한 것이다.

그러나 많은 사람이 터널에 서로 들어가려고 아등바등하면서 살고 있고, 또 터널 속에서 지내고 있다. 우리나라의 교육만 보아도 초등학교 고학년들은 학원에 다니며 중학교, 고등학교 때 배우는 내용을 선행 학습한다. 한창 뛰어놀아야 할 나이에 터널에 들어가 어둠 속에서 살아야 하는 것이다.

그녀에게 최근의 뉴스를 들려주며 새로운 터널로 들어가고 있는 아이들의 실상에 대해 알려주었다. 하지만 그녀의 첫 반응은 이러했다. "저도 만약 초등학교 때 미분, 적분을 배웠다면 지금보다 더 나은 삶을 살지 않았을까 하는 생각이 드네요."

그녀의 말을 듣는 순간 말문이 막혔다. 이제는 터널을 빠져나와 자유롭게 자신의 삶을 선택해서 살아야 하는 시기임에도 불구하고 그녀는 또 다른 터널을 원하고 있었다. 자신이 스스로 판단하고 결정하는 것은 그녀에게 너무나도 힘든 도전이기에 차라리 부모가 정해주는 터널에 들어가야 안심이 되는 듯했다.

"차라리 엄마 말을 따라 살 때가 편했어요. 이제까지 제 스스로 판단한 적이 없는데, 지금 와서 엄마는 저보고 알아서 하래요. 그리고 제가 어찌할 바를 몰라 우왕좌왕하는 모습을 보면서 '저게 무슨 우리나라 최고의 명문대생이야? 바보 멍청이지'라고 말씀하시죠. 그러니 저는 바보 멍청이가 맞아요."

우리가 행복을 느끼는 조건은 저마다 다를 수밖에 없다

──────── 한때 미국에서 아이비리그에서 엘리트로 손꼽히는 학생들이 자살하는 사건이 잇따르면서 사회적 이슈가 된 적이 있다. 잔디깎기 부모(부모들이 자녀의 앞길의 장애물을 잔디깎기처럼 미리 다 없애준다는 비유의 말)로 인해 명문대에 입학한 자녀들이 자신의 소망이나 행복의 기준을 모르고 앞만 보고 달리다가 결국 대학에 가서는 우울감과 허무주의에 빠져 삶 속에서 부닥치게 되는 자연스러운 위기조차도 극복하지 못하고 좌절하게 되는 것이 높은 자살률의 배경이라 할 수 있다. 이것도 터널 현상에서 비롯된 것이다. 좁은 시야로 앞만 보고 살다 보니 터널 밖의 세상은 그들에게 너무나도 두려운 곳일 뿐이다.

요즘 수많은 청년이 취업과 미래에 대한 고민으로 우울감, 무기력감, 절망감에 빠져 있다. 하지만 삶의 행복의 조건을 보여주는 연구결과를 보면 우리 사회가 생각하는 소위 '행복을 위한 기준'이 얼마나 왜곡되어 있는지를 알 수 있다.

　미국 문예잡지 〈애틀랜틱 먼슬리(Atlantic Monthly)〉는 하버드 대학교 졸업생 중 268명을 대상으로 72년간 추적관찰해 '행복의 조건'에 대한 연구를 진행했다.

　연구 결과는 행복의 조건은 부모의 재산, 지능지수, 학교 성적과는 무관한 것으로 나타났으며, 행복에 밀접하게 영향을 주는 요소로 고난에 대처하는 자세가 가장 중요한 것으로 나타났다. 즉, 삶에 대한 낙관성을 말한다. 이는 주변 사람들과 맺는 인간관계를 통해 형성된다. 그 이외에 행복에 대한 조건으로는 건강한 삶의 습관으로 비흡연, 적당한 음주, 적당한 체중이 있었고, 안정적인 결혼생활 및 끊임없이 배움을 놓지 않는 삶의 태도가 포함되었다.

　위의 결과를 보면 행복이란 많은 사람이 생각하는 것처럼 물질적인 만족감에서 오는 것이 아니란 사실을 알 수 있다. 행복이란 우리의 삶의 자세와 정신적인 안정감에서 비롯되는 것이다.

　그렇다면 행복의 조건이 사회가 요구하는 학벌, 물질적인 부, 조건 좋은 배우자와의 결혼이라고 생각한다면 오로지 그것만 추구한 사람들은 그에 대한 충족이 이뤄지지 않으면 불행할 수밖에 없다. 설령 충족되었다 하더라도 행복이 느껴지지 않으면 불만이 쌓이고 불행할 뿐이다. 결론적으로 행복의 조건에는 그런 것들이 들어 있지 않기 때문에 그런 것들을 추구해서 행복해질 수 있다는 생각 자체가 우리를 불행하게 한다.

남과 비교하지 않고 진정한 자신의 모습을 찾아가는 건강한 자아의 모습을 보여주는 사례가 있다. 《다시, 새롭게 지선아 사랑해》의 주인공 이지선 씨다.

그녀는 2000년에 음주 뺑소니 사고로 전신 50% 이상의 중화상을 입고 죽음의 고비를 여러 차례 넘겼다. 그녀는 30번이 넘는 크고 작은 수술을 반복해서 받으며 끝없는 고통의 순간을 견뎌야 했다. 그녀의 외모는 한눈에 알 수 있을 정도로 화상의 흔적이 깊게 남아 있다. 그럼에도 그녀는 얼굴에 밝은 표정을 잃지 않는다.

그녀는 자신에게 닥친 고난을 "선물"이라는 말로 표현했다. 뜻밖의 사고 이후 그녀는 장애인이 되었고, 장애인의 삶에 대해 진지하게 고민하기 시작하면서 다시 학업을 시작해 사회복지학을 전공했고, 2016년 UCLA 사회복지학 박사학위를 받았으며, 자신의 모교인 이화여대에서 사회복지학과 교수가 되었다.

그녀는 각자의 삶이 있고, 다들 다른 질문을 갖고 사는 게 삶인데, 남과 똑같이 살려고 마음 졸이고 애쓰는 것은 에너지 낭비와도 같다는 삶에 대한 확고한 철학을 갖고 있다.

사람들마다 각자 다른 조건, 다른 행복의 기준들이 있기에 저마다 살아야 할 이유도 다르다. 우리 인간은 아주 복잡하고 미묘한 존재다. 이미 너무 정교화되고 분화된 세상에서 살고 있고, 자고 일어나면 다른 세상에 맞춰 살아가야 하는 존재이지만 그렇다고 내 뿌리까지 사라지는 것이 아니다. '내 가족 안에서의 나, 친구들 사이에서의 나, 신과 매일 대면하는 나, 자연 속에서의 나, 내 속의 나'가 있다. 나에 대해서도 잘 모르면서 너무 쉽게 남들과 비교하지 말자. 우리는 누구나 내면에 자신만의 보석을 갖고 있다. 유머, 인내, 관용, 솔직함, 호방함, 창의성, 꼼꼼함 등등 수많은 인간의 속성이 각 개인들에게 해당되는 보석들이다.

나를 위한 내 행복의 조건은 무엇인지 조용히 생각해보자. 기나긴 삶의 여정에서 행복을 찾기 위해서는 내가 행복을 느끼는 진짜 기준을 찾아보는 시간도 분명 필요하다. 만약 당신이 어두운 터널 속에 갇혀 있다면 먼저 그 터널을 인식하고 자신만의 행복의 기준을 찾아서 한시라도 빨리 터널을 빠져나와야 한다.

내가 생각하는 행복의 조건들,
나에게 행복을 가져다주는 조건들을 써보세요.

갈증과 공허함은 중독을 부른다

외로움을 해소하기 위해 섹스 중독에 빠진 30대 강사

──────── 나는 '카페인 사용장애(caffein-related disorder)', 즉 카페인 중독 증상이 있다. 의대생 시절부터 지금까지 매일 하루 3잔 이상의 커피를 마셔온 나는 카페인에 대한 내성뿐만 아니라 심리적, 신체적 의존성이 있다. 커피를 마지막으로 마신 후 12시간이 지나면 그때부터 금단 증상이 시작된다. 신체적 의존으로 두통, 피곤, 오심, 구토, 근육통 등이 있고, 심리적 의존으로 우울, 예민함, 불쾌감, 카페인에 대한 갈망 등이 증가한다. 일단 커피를 마시면 이 모든 금단 증상은 곧바로 사라진다.

이렇듯 '중독(addiction)'은 어떤 물질이나 행위를 갈망하고, 탐

닉하고, 의존이 있어 중단하지 못하는 행동을 말한다. 특히 '의존 (dependence)'은 중독의 특징에서 중요한 의미가 있다. 반복적으로 물질을 복용하려는 강한 열망과 사용을 통제하는 데 어려움이 나타나고 해로운 결과가 예측됨에도 사용을 절제하지 못할 때 의존성이 있다고 말한다.

우리가 흔히 알고 있는 중독 장애는 물질에 대한 의존과 행위에 대한 중독으로 나눌 수 있다. 물질에 대한 의존으로는 알코올 중독, 마약 중독, 담배의존증 등이 있고, 행위에 대한 중독으로는 도박 중독이 있다. 그리고 섹스 중독이란 것이 있다.

한번은 30대 후반의 강사를 상담하게 되었다. 그는 친밀한 관계를 유지할 수가 없고, 평생 지속되어온 우울증 때문에 정신분석 치료를 시작했다. 20대 때는 수없이 많은 여자 친구를 사귀었지만, 교제 기간은 2개월을 넘기지 못했다. 영원할 것 같은 사랑의 감정은 금세 식어버리고, 연인과 함께 있어도 외로움은 사라지지 않았다. 대신 술로 우울감을 달래봤지만 점차 술의 양이 늘고 몸이 망가져서 마침내 술도 끊었다. 그는 필사적으로 외로워하고 있었다.

하지만 그는 그의 삶을 공유할 사람을 찾지도 않았고, 함께할 사람을 원하지도 않았다. 상대와의 관계가 깊어지면 깊어질수록 그는 오히려 상대로부터 더 벗어나고 싶어 했다. 퇴근한 뒤 밤늦은 시간이 되면 그는 핸드폰에 깔려 있는 즉석 만남 앱에 들어갔다. 그리고 익명의 대상을 만나 관계를 맺었다. 그런 행동을 한 뒤 그는 항상 자신에 대해 더럽다고 생각하고 혐오감을 느꼈다. 하지만 얼마 지나지 않아 혼자 있는 시간이 되면 또다시 강렬한 불안감과 공허감을 느끼고 익명의 섹스상대를 찾았다.

나는 그의 어린 시절에 대해 물었다. 그러자 그는 기억하고 싶지 않은 부분이라고 말했다. 아픈 내면을 들여다보는 것도 치료를 위한 중요한 부분이 될 수 있다고 말해주자, 그는 아주 어렵게 이야기를 꺼냈다.

아버지는 그가 일곱 살 때 교통사고로 사망했고, 젊은 어머니는 어린 자녀 둘을 홀로 키우기 위해 장사를 시작했다. 아버지에 대한 기억은 거의 남아 있지 않았는데, 늘 취한 모습의 아버지가 어머니에게 아무런 대꾸도 못하는 못난 남자의 모습으로 남아 있는 것이 기억의 전부였다.

다정하고 예쁜 엄마의 모습은 점차 거칠고 예민한 모습으로 바뀌었고, 일을 마치고 집에 들어온 엄마는 항상 피곤에 찌든 모습으로 안방으로 들어가 바로 잠에 빠졌다. 하루 종일 그녀를 기다렸을 자식들과의 대화는 거의 없었다. 다만 그녀가 가장 행복해할 때가 있었는데, 그것은 그가 학교에서 좋은 점수를 받아올 때였다. 그가 유일한 애착대상이었던 엄마를 기쁘게 할 수 있는 일은 시험에서 좋은 성적을 받아오는 것이었다. 그래서 열심히 공부하는 것이 그의 유일한 낙이자 행복이었다.

그는 이야기를 하다 말고는 뭔가 깨달았다는 듯이 나에게 말했다. "지금 생각해보니 엄마에게 한 것처럼 여자친구들에게도 비슷했네요."

그는 100점 맞은 성적표를 가져다주면 엄마가 행복해했던 것처럼, 여자친구들에게도 고가의 명품 가방을 선물하며 그녀들이 기뻐하는 모습을 즐겼다. 그러고는 자신이 할 일을 다 했다고 느낀 것이다. 그 이외에는 여자친구와 깊은 대화도 하지 않았고 큰 기대감도 갖지 않았다. 그는 자신이 원하는 것은 그저 섹스뿐이라고 말했다.

무엇인가에 중독되어 있다면 만족감을 줄 만한 애착관계를 정비하자

──────── 그는 누군가와 친밀감을 느끼는 것에 장애가 있는 사람으로 볼 수 있다. '친밀감(intimacy)'은 정신분석가 에릭 에릭슨이 말한 인격발달의 단계 이론 중에서 청년기에 이뤄야 할 발달과제이기도 하다. 에릭슨은 인격이 전 생애를 통해 발달한다고 주장하면서 이를 8단계로 분류했다. 각 단계마다 극복해야 할 독특한 사회적 갈등과 과제가 있으며, 이를 성공적으로 수행하면 다음 단계로 무난하게 발달 성숙해간다고 말했다.

그중 청년기에 이뤄야 할 발달과제인 친밀감을 통해 이성관계, 교우관계, 결혼관계 및 다른 깊은 교제관계가 가능하고 이를 통해서 경쟁과 협력의 의미 있는 사회활동이 가능하게 된다. 하지만 친밀감을 제대로 이루지 못하는 경우에는 사회로부터 고립될 수밖에 없다.

정신분석 관점에서 생각해보면, 그에게서 나타나는 '친밀감 장애'는 자기애성 인격장애 환자들이 호소하는 중요 특징이기도 하다. 정신분석가 하인즈 코헛은 자기애성 인격장애 환자에게서 이와 같은 친밀감의 장애가 나타날 수 있다고 주장했다. 즉, 어린 시절 아이의 자기애적 욕구에 부모가 제대로 반응해주지 못하는 경우에 아이는 성장하면서 좌절을 경험할 수밖에 없고, 그 좌절이 너무 클 경우에는 충족되지 않는 자기애적 욕구를 약물이나 마약, 섹스와 같은 강렬한 자극으로 달래고 진정시키려는 퇴행적 행동이 나타나게 된다고 설명했다. 이와 같은 행동으로 개인의 결핍된 심리의 결함을 대체하려고 한다는 것이다.

그에게는 만성적이고 반복되는 '공허 우울감(empty depression)'이 자리잡고 있었다. 마치 배가 고플 때 음식을 찾아 먹게 되는 것처럼, 그는 정서적인 공허감 때문에 날마다 자극적인 관계에 집착하게 되었다.

그가 부모로부터 적절한 공감을 받아보지 못한 경험은 그에게 부재로 남아 있었기 때문에 치료자인 내가 그의 대리적 부모가 되어 적절한 공감을 해줄 필요가 있었다. 대리적 부모인 나와의 긍정적인 경험은 그의 부재를 채워주었으며 만성적으로 존재했던 공허

함도 점차 사라지기 시작했다. 그리고 나와의 긍정적이고 새로운 경험을 통해 자신감을 얻게 되면서 그것을 점차 다른 사람들과의 관계로 확대해나갔다.

중독환자의 경우 치료자와의 경험을 바탕으로 일상생활 속의 다양한 사람들과 충분하고 만족스러운 애착관계를 스스로 맺게 될 때 회복이 시작된다. 그래서 새로운 사람들과의 관계 속에서 자신의 내적인 경험을 탐색하고 이해하는 연습을 끊임없이 해야 한다.

또한 즉각적인 욕구 충족을 참는 법을 배워야 한다. 적절한 욕구 지연 또는 좌절을 참는 능력은 인간의 심리 발달과정에서도 반드시 필요한 과정이다. 즉각적인 욕구의 충족은 유아기적인 자기만족 수준에 그치기 때문에 적절한 욕구의 좌절을 통해서 자신의 파괴적인 충동이나 감정을 조절할 힘을 길러야 한다. 자신을 조절하는 힘을 기르는 것이 바로 중독치료의 핵심이라 할 수 있다.

최근에는 중독환자들뿐만 아니라 많은 사람이 즉각적인 욕구 충족을 참는 것을 힘들어한다. 여기에는 인터넷을 포함한 SNS가 지대한 영향을 미치고 있다. 스마트폰과 같은 첨단기기의 휴대성과 대중화는 사람들에게 소통과 정보의 즉각적인 만족을 줌으로써 편리함을 가져다준 것은 사실이지만, 반대로 적절한 욕구의 좌절을 경험하고 자신을 제어할 수 있는 능력을 빼앗아갔다.

만약 당신도 무엇인가에 집착하고 있다면, 그것이 물질이든 사물이든 사람이든 행위이든 그것은 곧 나의 자율성과 조절감을 다른 존재에게 맡기고 있다는 것을 의미한다. 다른 존재의 도움을 통해 일시적으로 만족감을 얻는 것이 반드시 나쁘다고 말할 수는 없지만, 그 존재에 익숙해져서 그 존재가 없을 때 불안감, 예민함, 감정의 기복, 자기 파괴적 행동이 나타나게 된다면 그것은 도움을 받는 것이 아닌 종속되어 있음을 나타낸다.

결론적으로 다른 존재에 중독되지 않기 위해서는 다음과 같은 연습이 필요하다.

첫째 자신의 내면의 감정을 섬세하게 읽어보기, 둘째 다른 사람들과의 건강한 애착관계를 통해 자신의 공허감을 메워보기, 셋째 평상시에 적절한 욕구 지연 또는 좌절을 통해서 인내하고 자신을 조절하는 것이다.

은둔형 외톨이가
고립을 선택하는 이유

극도의 외로움에 분열된 자아가 친구인 소녀

─────── 19세의 입원 환자가 있었다. 고등학교 3학년이었던 그녀는 하루 종일 집 밖을 나서지 않고 장기간의 등교 거부로 인해 상담을 하게 되었다. 그녀의 첫인상은 범상치 않았다.

며칠째 갈아입지 않은 듯 땀으로 얼룩진 셔츠를 입고 헝클어진 머리를 한 채 시선에는 초점이 없었다. 이야기를 하면서 뭔가 불안한 듯 손톱을 계속 물어뜯었는데, 이미 짧아질 대로 짧아진 손톱 끝에서는 붉은 출혈이 보였다. 하지만 목소리에는 어떤 에너지가 느껴졌다.

나는 일단 그녀를 좀 더 살펴보기로 하고 입원을 결정했다.

입원하는 첫날 나는 그녀와 함께 입원병동에 올라갔다. 입원병동 문이 열리자마자 그녀는 낯선 모든 사람에게 너무나도 해맑고 자신감이 넘치는 목소리로 "안녕"이라고 인사를 해서 나를 포함한 치료진과 입원 환자들을 놀라게 했다. 정신과에 입원하는 것을 좋아하는 사람은 없기 때문이다. 열에 아홉은 심하게 저항하거나 실망한 채, 아니면 알 수 없는 두려움에 휩싸인 채 입원을 한다.

그런데 그녀는 입원을 하면서 다소 들뜨고 즐거워 보였다. 늘 외톨이로 살아왔던 그녀는 갑자기 여러 명의 사람들과 함께 방을 쓰고, 같이 텔레비전을 보고, 매일 같이 식사를 할 수 있다는 것이 즐거운 듯했다. 누군가에게는 너무나도 당연한 일상이지만 그녀에게는 간절한 희망이 실현된 것이다.

그녀는 다섯 살 때 엄마가 집을 나갔다. 홀로 그녀를 키우던 아빠는 알코올 중독이었다. 아빠는 거의 매일 만취한 상태로 그녀에게 폭언을 퍼부었다. 유일하게 그녀를 이해해준 것은 게임 속 캐릭터들이었다. 초등학교 시절부터 그녀는 하루 종일 온라인 게임 속 세상에서 만나는 캐릭터들이 자신의 가족과 친구였다. 세상 속 친구들은 어딘가 엉뚱하고 부족해 보이는 그녀를 받아주지 않았다. 그녀가 고등학교 1학년 때 결국 아버지는 간경화로 사망했다. 혼내기만 하는 미운 아빠였어도 유일한 가족이었는데 이제는 진짜 혼자가 된 것이다.

그녀는 혼자서 공상에 잠기길 좋아했다. 인터넷 여기저기에 떠도는 글을 읽다가 '나'란 존재가 이드, 자아, 초자아로 이뤄져 있다는 프로이트의 심리 이론을 알게 되었다. 제대로 된 부모상을 경험하지 못하고 실제 외부세계의 경험이 매우 부족했던 그녀는 소화하지도 못하는 프로이트의 심리이론을 그대로 받아들였다. 그 결과 그녀는 머릿속에 이드 친구, 자아 친구, 초자아 친구를 만들어 심심할 때마다 불러서 놀기 시작됐다. 그때부터 병이 깊어진 것이다.

그녀는 본능과 욕구를 드러내는 이드 친구와 놀 때는 갑자기 나쁜 말도 하고 못된 행동을 했다. 그리고 양심을 나타내는 초자아 친구와 놀 때는 지난 행동을 반성하면서 누군가를 즐겁게 해줄 일이 없을까 고민했다. 너무나 외로운 나머지 그녀는 자기 스스로를 쪼개어 친구로 만들게 된 것이다.

표면적인 그녀의 증상만으로 판단할 때는 아주 심각한 정신질환으로 생각될 수도 있지만, 나는 그녀가 갖고 있는 건강한 면에 초점을 맞추었다. 그녀는 씩씩하고 밝았으며, 말을 잘해서 표현하는 데 능했다.

치료가 진행되면서 각각 쪼개진 그녀의 자아를 통합해주는 작업이 필요했다. 무엇보다 그녀의 건강한 자아가 제 기능을 하도록 하는 것이 우선이었다. 그렇게 하기 위해서는 외부 현실과 건강한 관계를 맺는 것이 중요했다. 자는 시간 빼고 하루의 대부분을 온라인상에서 채팅을 하거나 게임을 했던 그녀에게 온라인이 아닌 실재의 생활에서 일과대로 움직이고 책임지는 습관을 만들어야 했다.

이전까지 그녀에게 중요한 것은 가상의 삶이자 가상의 캐릭터였기 때문에 실제 자신의 삶과 진짜 자기 모습에 대한 인식은 쉽게 이루어지지 않았다. 그러기 위해서는 실재 세상에서 누군가와 진짜 자기 자신의 모습으로 진실한 관계를 맺는 과정이 필요했다.

나는 매일 시간을 정하고 그녀와 만났다. 하루에 한 가지씩 그녀가 잘하고 좋아하는 것을 찾아보았다. 그리고 면담을 마칠 때는 서로에게 원하는 약속을 한 가지씩 만들었다. 그리고 그다음 날 서로 그 약속을 지켰는지 확인했다. 상대와 믿음과 신뢰를 쌓아간다는 것이 어떤 것인지 그녀에게 알게 할 필요가 있었다.

오랜 시간이 걸리기는 했지만 힘든 현실을 건너가며 그녀는 외로움을 견디고 진짜 자아를 찾게 되었다. 그리고 그녀와의 치료 경험은 치료자였던 나의 자아도 건강하게 만들어주었다.

은둔과 고립을 벗어나기 위해서는
외부의 도움을 적극 수용하는 것이 방법이다

─────── 위 사례의 소녀는 '히키코모리', 즉 은둔형 외톨이였다. 히키코모리란 사회생활에 적응하지 못하고 집에만 틀어박혀 사는 사람들을 일컫는 말이다. 히키코모리 현상은 1970년대 일본에서 나타나기 시작하면서 1990년대 사회적 문제로 떠오르기 시작했다.

〈복지타임즈〉의 기사에 따르면, 일본 내각부의 2016년과 2019년 조사 결과를 종합하면 15세 이상 64세 이하 인구 중 히키코모리는 약 115만 4000명으로 해당 연령대의 약 3.02%에 이른다고 한다.

우리나라도 요즘 '은둔 청년' 현상이 크게 떠오르고 있다. 2023년 서울시가 발표한 '고립, 은둔 청년 실태 조사'에 따르면, 서울 청년 중 고립, 은둔 청년 비율은 4.5%로 추산되며, 이를 서울시 청년 인구에 적용하면 최대 12만 9000명에 이른다고 한다. 그리고 이를 전국으로 확대하면 60만 명이 넘을 것으로 추산된다고 한다. 그러나 장기적인 경기 침체와 실업률 증가, 1인 가구의 증가 등으로 인해 은둔형 외톨이의 비율은 더 증가될 것으로 보인다. 특히 조사 결과 중 눈여겨보아야 할 것은 정신과적 질환의 유무다. 고립·은둔 청년의 18.5%가 정신건강 관련 약물을 복용하고 있다고 응답했고, 서울시 청년 전체 통계에서 정신건강 약물 복용 비율은 8.6%로, 고립·은둔 청년의 정신건강 관련 약물 복용이 2배 이상 높았다. 고립·은둔 청년 10명 중 8명은 가벼운 수준 이상의 우울을 겪고 있으며, 그중 39.3%는 '중증 수준의 우울', 18.3%는 '심한 우울'인 것으로 나타났다.

고립·은둔의 원인으로는 '심리적/정신적 어려움', '인간관계 어려움', '괴롭힘, 따돌림 등 타인과의 갈등', '성인기 이전에 부모와의 갈등', '진학 실패 또는 취업 실패, 실직' '사회생활의 무의미함' 등으로 나타났다. 은둔형 외톨이들의 개인적 심리적 요인을 살펴보면 대인관계의 어려움이 상당히 크며, 대인관계에서 혹은 외부환경에서 부닥치는 거절에 매우 민감하게 반응하고, 그런 좌절감에서 회복하는 능력이 매우 떨어진 상태라고 볼 수 있다.

외래에서 은둔형 외톨이들을 상담해보면 안타까울 때가 참 많다. 청소년기 혹은 이른 성인기에서 그들이 겪은 따돌림, 과거 가족들과의 갈등의 경험들은 이후의 삶과 정서에 여전히 큰 영향을 미친다. 수년 전에 입었던 정신적 상처들은 보이지 않는 큰 염증이 되어 현재를 살아갈 때도 그들의 마음을 좌지우지한다. '저 사람들에게 내가 이상하게 보이면 어떡하지?' '또 내가 우습게 보여서 그들이 나를 피하는 건가?' '내가 뭘 잘못했길래 계속 나를 피하는 거지?' 라는 생각이 하루 종일 그들의 머릿속에 맴돌아 정상적인 대인관계를 하지 못하게 가로막는다.

사회에서 만나는 사람들이 그들에게 호의를 가지고 다가가도 그들이 너무 경계하고 위축된 모습을 보여 다가갔던 사람들이 오히려 오해하고 그들을 피하게 되는 어처구니없는 상황도 벌어지게 된다. 그렇게 되면 그들은 다시 자신의 머릿속 생각을 확신하게 된다. '맞잖아! 나를 피하고 있어. 나는 재수 없는 인간인가봐.' 그리고 그들이 자신의 생각을 고정관념으로 믿어버리고 아예 대인관계를 맺을 시도를 하지 않게 된다. 어차피 자신은 사람들이 싫어하고 미움받을 존재라고 혼자서 결론을 내리는 것이다. 결국 이러한 악순환으로 그들은 점차 은둔형 외톨이가 되어가는 것이다.

은둔형 외톨이를 겪고 있는 사람이 큰 용기를 내어 정신과 의사인 나를 찾아오면 나는 가장 먼저 왜곡된 부정적 자아상을 교정하는 작업부터 시작한다. 우선 그들의 기억들을 하나하나 짚어 나간다. 그리고 그런 상황을 함께 재연하면서 대화를 나눠보면 보통 2가지의 경우로 나뉜다. 첫 번째는 과거의 상황들을 재연하다보면 실제로 심한 학대와 괴롭힘을 당한 경우가 있다. 이것은 무엇보다 마음의 크나큰 상처로 육체적인 상처와 비교하자면 심한 골절에 해당되어 수술을 해야 하는 큰 상처로 볼 수 있다. 그래서 나는 제일 먼저 그들의 상처받은 마음을 인정해주고 공감하고 위로한다. 가장 중요한 것은 그들이 얼마나 아프고 힘들었는지에 대한 '누군가로부터의 인정'이다.

정신과적 질환은 눈에 보이지 않는 심리적 상처이기 때문에 많은 사람이 간과하고 무시하며 심지어 꾀병을 부린다고 오해까지 해서 많은 정신과 환자가 병을 인식하지 못하고 계속 키우게 된다. 여기서 가장 중요한 것은 그들에게 실제 벌어진 가슴 아픈 일에 대해서 공감하고 나눌 누군가가 있는가 라는 점이다. 그들의 일을 자신의 일처럼 생각하고 위로해주는 가족, 선생님, 친구들이 있었다면 그들의 아픈 상처들은 쉽게 아물었을지도 모른다. 하지만 그들의 아픔에 진심으로 반응해주는 사람들이 없었다면 그들은 상처를 치유할 수 있는 큰 기회를 놓쳐버린 것이다. 그래서 가까운 이들에게 자신의 상처를 털어놓고, 만약 그것이 쉽지 않다면 하루빨리 전문가를 찾아가야 한다.

두 번째는 과거를 재연하다보면 일부 큰 정신적 상처를 입게 되면 그것으로 인해 자존감이 낮아질 대로 낮아지고 그러한 낮은 자존감 때문에 그 이후 만나는 사람들과의 경험을 다 부정적으로 인식하게 되는 것이다. 실제로 마주치는 사람들이 자신에게 부정적인 말이나 행동을 한 적이 없음에도 그들은 마치 타인의 마음을 읽는 초능력이 있는 것처럼 남들이 속으로는 자신을 싫어하고 한심하게 생각한다고 믿고 관계를 끊어버리는 것이다.

그래서 나는 그런 왜곡된 판단을 당장 중지하라고 말한다. 그리고 그들에게 부정적으로 올라오는 감정을 잠시 억누르고, 참고, 기다리면서 타인들과 만나는 장소를 이탈하지 말라고 조언한다. 아무 말도 하지 않아도 되니 사람들과 함께하고 그들이 나누는 대화나 표정을 관찰하고 그들의 생각에 공감되는 것이 있으면 맞장구쳐주기만 하면 된다고 설명한다.

그러다 보면 그들은 어느새 조금씩 깨닫게 된다. 자신을 싫어해서 눈길을 피한다고 생각했던 친구 A는 단지 전시된 예쁜 드레스를 쳐다보느라 자신을 보지 않은 것이었고, 자신을 무시해서 항상 짜증을 낸다고 생각했던 상사 B는 원래 모든 일에 짜증을 내는 사람이어서 자신에게도 그렇게 대한 것임을 발견하게 된다. 이런 데이터들이 하나둘 쌓이면 자신의 왜곡된 기억들이 점차 수정되기 시작한다. 더욱 중요한 것은 사람들과 하나둘 관계를 이어가다보면 자신과 비슷한 경험을 하는 친구 C를 만나게 되고, 자신을 이끌어주고 지도해주는 상사 D도 만나게 되어 관계를 통해 치유를 얻게 된다는 점이다.

그리고 좌절과 거절에 대한 면역을 키우는 것도 중요하다. '회복탄력성'은 크고 작은 다양한 역경, 시련, 실패에 대한 인식을 도약의 발판으로 삼아 더 높이 뛰어오르는 마음의 근력을 의미한다. 우리 마음의 근육도 운동이 필요하다. 꾸준히 운동을 하면 자신이 들수 있는 바벨의 무게가 올라가듯이 우리 마음도 시련과 좌절을 거칠 때마다 그것을 견뎌내는 마음의 단련을 통해 조금씩 단단해지게 된다.

결국 자신을 지킬 수 있는 가장 궁극적인 존재는 단단한 자신의 마음이다.

제4장 분노감

우리의 마음은 한시도 호수처럼 잔잔하고 고요하게 있을 때가 없다. 우리의 마음은 물처럼 에너지가 있고 운동성이 있다. 흘러야 할 물이 고이게 되면 썩는 것처럼 우리의 마음도 마찬가지다. 마음속에 일어나는 감정의 변화들을 받아들이고 표현하면서 자연스럽게 흘려보내는 감정의 순환이 쉴 새 없이 이루어져야만 더 건강한 정신을 가질 수 있다.

수많은 감정을 다스리는 법

불의를 보면 폭발해버리는 30대 회계사

———— 한번은 30대 남자분이 진료실을 찾아왔다. 상담을 시작하자마자 그는 이렇게 말했다.

"저는 배트맨이 되고 싶어요."

그는 회계사라는 숫자를 다루는 논리적인 직업을 가진 사람이었기에 나는 매우 어리둥절했다. 나는 순간 그에게 과대망상이 있는 건가 라는 생각이 들었다. 이야기를 계속 들어보니 과대망상까지는 아니었지만, 팽창된 자기 이미지가 다소 엿보였다.

정말 배트맨이 되고 싶은 그는 배트맨의 액션피겨를 수집하고 있었다. 액션피겨는 값이 싼 것도 있지만 매우 고가인 제품도 많아서 그는 월급의 절반 이상을 액션피겨에 투자할 정도로 수집하는데 에너지를 쏟고 있었다. 심지어 그는 살고 있는 집 이외에도 액션피겨들을 모아놓은 창고를 따로 마련해놓았다.

그가 나에게 찾아온 이유는 이기적인 행동을 볼 때마다 참을 수 없는 분노가 일어나서 조절이 잘 되지 않는다는 것이었다. 특히 운전을 할 때마다 그의 분노감은 심해졌다. 깜빡이를 켜지 않고 끼어드는 차를 보면 호흡이 빨라지고 양미간에 주름이 잡혔다. 그러고는 끼어든 차의 잘못을 알려주기 위해 뒤에서 경적을 있는 힘껏 세차게 울리거나 창문을 내리고 상대방 운전자에게 고함을 질렀다. 때로는 끼어든 차량 앞으로 끼어들어서 상대방 운전자가 똑같은 감정을 느끼도록 응징하기도 했다.

이렇다 보니 그에게는 운전하는 것이 상당한 스트레스였다. 출퇴근길은 그에게는 지옥이나 마찬가지였고, 일주일에 한두 번은 운전자들과 큰 싸움을 벌였다.

"이기적인 인간들을 참을 수가 없어요. 자기 좋다고 남들에게 피해를 주는 사람들에게 정말 화가 납니다. 이 나라 법이 제대로 되어 있지 않으니 저라도 잘못된 것을 알려줘야 한다고 생각해요."

사실 그의 말이 틀린 것은 아니다. 얌전한 사람도 운전대만 잡으면 야수로 변하는 게 지금의 도로 위 현실이다. 경찰이 단속을 하고 무인교통카메라가 곳곳에 설치되어 있지만, 단속하는 곳만 잘 피하면 된다는 의식이 팽배하다. 진입로에 들어서기 위해 길고 긴 차선에 서 있다 보면 뒤에서 달려와 막무가내로 끼어드는 차들을 어렵지 않게 만나고는 한다. 그럴 경우 대부분은 화가 나기는 하지만 한숨 몇 번 쉬고 어쩔 수 없는 현실을 받아들인다.

그러나 평소에는 온화한 그는 그 순간 타락하고 혼란에 빠진 고담시티를 바로잡으려는 배트맨이 되기라도 한 듯이 분노를 행동으로 옮겼다.

그런데 그는 도로 위에서의 난폭한 모습과는 달리 대부분의 시간을 보내는 직장에서는 완전 딴사람이었다. 고객들에게는 친절하고 온화했고, 직원들에게는 항상 배려하는 모습을 보여서 인기가 많았으며, 언제나 털털하게 웃고 다녔다. 사실 그는 자신의 감정을 다른 사람들에게 먼저 표현하는 일이 거의 없었다.

상담을 하면서 나는 그에게서 한 가지 사실을 발견했다. 그는 사람들에게 감정 표현을 제대로 한 경험이 없었다. 달리 말하면 그는 자신의 감정을 어떻게 말로 표현하는지를 몰랐다. 나는 그에게 치료시간에 느껴지는 감정에 대해 물어보았다. 그러면 그는 매우 당황하고 어려워했다.

"그냥 그래요."

"잘 모르겠어요."

그리고 그런 쓸데없는 것을 왜 자꾸 자기에게 물어보는지 성가시다는 눈치를 주었다.

사실 그는 우리가 느끼는 다양한 감정들을 분화하지 못한 채 감정을 느끼고 있었다. 단지 기쁨 VS 분노, 좋음 VS 싫음과 같이 이것 아니면 저것 식의 대비된 감정만으로 마음을 채우고 있었다.

그는 배우고 옳다고 믿는 가치관대로 직장에서는 선하고 착한 모습만 보여줬다. 하지만 하루의 절반 이상을 직장에서 보내는 우리 현대인들은 좋은 감정만으로 생활하기가 어렵다. 매일 복잡하고 변수가 많은 상황을 겪으면서 온갖 스트레스에 직면하게 된다. 그러나 그는 그런 부정적인 감정은 표현할 수 없었기에 그저 참고 억누르며 지내왔던 것이다.

그가 도로 위에서 보인 분노는 '내면에 쌓인 공격성(inner aggression)'을 외부로 투사한 것이라고 볼 수 있다. 사실 그가 도로 위에서 끼어드는 차들에게 유난히 화를 낸 것은 자신의 내면에 눌려 있었던 받아들이기 힘든 타인에 대한 분노, 미움, 시기와 같은 감정이 끼어드는 차량을 향해 폭발하는 것이라고 볼 수 있다.

프로이트는 공격성을 "우리의 원초적 본능 중의 하나"라고 지적했다. 아기가 엄마의 젖을 빨다가 갑자기 엄마의 젖꼭지를 깨무는 행동도 공격성으로 볼 수 있다. 또한 아이들이 유치원에서 장난감을 뺏기지 않으려고 친구와 실랑이를 벌이다가 친구를 밀어버리는 행동도 공격성에 해당한다. 그런 공격성을 승화시킨 것들이 태권도, 레슬링, 권투 등과 같은 스포츠경기다.

그가 다른 차들을 향해서 힘껏 경적을 울려대고, 다른 사람의 잘못을 지적하는 행동도 공격성이라고 볼 수 있다.

직장에서는 친절하고 언제나 웃는 얼굴을 보였던 그는 사실 남들의 평가에 아주 민감한 사람이었다. 그는 조금이라도 부정적인 평가를 받는 것을 참지 못했다. 그래서 그는 언제나 남들에게 먼저 선을 베풀었고, 인자한 모습으로 다가갔다. 속상하거나 참기 힘든 감정이 일어나면, 그것을 잊어버리기 위해 급히 자리를 피했다. 아니면 힘든 감정이 일어날 일들은 애초에 시작하지도 않았던 것이다.

마음속 감정들이 쉴 새 없이 순환되어야
마음의 건강이 유지된다

——— 그는 무엇보다 자신의 마음속에도 분노, 미움, 증오와 같은 부정적인 감정이 존재한다는 사실부터 인정하는 것이 필요했다. 우리 안에 부정적이고 나약한 면이 있다는 사실을 인정하는 것은 성숙한 태도를 갖기 위한 첫걸음이라 할 수 있다. 내면의 어두운 면을 받아들일 수 없었던 그는 자신만의 판타지 속에서 배트맨이라는 영웅이 되어 자신의 공격성을 해소하고 싶었는지도 모른다. 그리고 그가 그토록 죽이고 물리치고 싶은 악당, 조커는 그의 내면에 있는 부정적인 자아일 수도 있다. 그래서 나는 그와 상담 때마다 감정을 표현하는 연습을 진행했다. 그리고 부정적인 그의

감정에 대해서도 "그럴 수 있다"며 있는 그대로 존중해줬다.

부정적인 감정을 누군가에게 이야기하는 것은 그에게는 낯선 경험이었고, 절벽으로 뛰어내리는 것만큼 두려운 경험이었다. 그는 부정적인 이야기를 할 때마다 자신의 부정적인 감정으로 인해 상대방인 내가 자신을 어떻게 생각할지 살피기에 바빴다. 자신의 고통에 대해 살피기 전에 타인을 먼저 살펴보는 것은 그의 오랜 습관이었기 때문에 치료시간에는 그러지 않아도 된다는 것을 여러 번 반복해서 알려주었다.

일정기간의 치료 후에 그는 이렇게 말했다. "얘기해보니까 참 별것 아니네요. 그동안 왜 그렇게 불안해했을까요?"

오랜 치료 끝에 그는 자신이 모으고 있던 피겨들, 포장도 뜯지 않은 채 창고에 쌓아놓았던 물건들을 정리하고 있다고 말했다. 치료의 마지막 시간에 그는 웃으면서 말했다.

"그래도 배트맨 피겨는 남겨둘래요. 나의 오랜 친구이자 벗이었으니까요."

하지만 예전에는 그가 배트맨이 되어야 했지만, 이제는 그와 삶을 함께 살아가는 친구로 생각하니 정말 다행이었다.

그가 사람들 앞에서 자신의 감정을 극도로 억누르고 내보이지 않은 것은 교육의 결과다. 우리는 마음을 호수처럼 잔잔하고 평온하게 하는 것이 미덕인 것처럼 배워왔다. 하지만 정신과 의사가 되어 우리의 마음을 살펴보니 우리의 마음은 마치 흐르는 물과도 같다. 물이 산골짜기의 계곡을 흐르고 흘러 폭포수로 떨어져 바다와 합쳐지는 것처럼 우리의 마음은 한시도 호수처럼 잔잔하고 고요하게 있을 때가 없다. 그러나 우리는 마음이 호수처럼 잔잔해져야 행복하고 편안하다고 생각한다.

하지만 결코 그렇지 않다. 우리의 마음은 물처럼 에너지가 있고 운동성이 있다. 흘러야 할 물이 고이게 되면 썩는 것처럼 우리의 마음도 마찬가지다. 마음속에 일어나는 감정의 변화들을 받아들이고 표현하면서 자연스럽게 흘려보내는 감정의 순환이 쉴 새 없이 이루어져야만 더 건강한 정신을 가질 수 있다.

우리 내면의 지킬과 하이드는 자아와 무의식

아버지의 자살로 그 삶을 대신 살아야 했던 남자

———— 영국의 소설가 로버트 루이스 스티븐슨이 쓴 단편 소설 《지킬 박사와 하이드》는 이중인격의 대명사처럼 인용되는데, 이 소설을 통해 많은 사람이 인간 내면에 있는 선과 악에 대해 관심을 갖게 되었다.

선하고 고결한 사람이 한순간에 아주 난폭하고 잔인하게 변하는 모습을 묘사한 이 흥미진진한 소설이 나오자마자 사람들은 충격을 받았고, 이 소설은 곧바로 베스트셀러가 되었다. 인간의 양면성을 정신분석적으로 다룬 이 소설이 큰 인기를 얻게 된 이유는 주인공이 느끼는 심리를 우리 또한 일상에서 느끼고 살아가기 때문이다.

우리는 누구나 남들에게 밝힐 수 없는 어두운 면을 갖고 있다.

《지킬 박사와 하이드》의 내용은 누구나 잘 알고 있지만 주인공 헨리 지킬 박사가 왜 이중인격으로 변하게 됐는지에 대해서는 잘 알지 못한다. 젊고 능력 있는 의사였던 헨리 지킬에게는 가슴 아픈 '가시' 하나가 있었다. 바로 정신병을 앓고 있는 아버지였다. 고결한 성품의 소유자였던 아버지가 정신병을 앓게 되면서 점차 인격이 황폐화되어가는 모습을 지켜보는 것은 그에게는 참을 수 없는 고통이었다. 그는 아버지를 난폭하게 만드는 어두운 부분들을 제거하면 고결하고 선했던 아버지로 되돌아오지 않을까란 생각을 하게 되면서 인간의 선과 악을 분리하는 연구에 몰입하게 된 것이다. 아버지를 구원하기 위해 임상실험을 해야 했던 그는 자기 자신을 대상으로 실험을 하게 되고, 헨리 지킬과 에드워드 하이드라는 두 존재로 분리되어 선과 악의 치열한 싸움을 하게 된다. 하지만 결국 악의 힘을 이길 수 없었던 그는 자살로 자신의 목숨을 끊는다.

이 소설은 인간 내면의 선과 악이라는 양면성을 극단적으로 대비해 보여준 소설이지만, 정신분석적 관점으로 보면 프로이트가 말한 자아와 무의식과의 갈등에 대해 묘사한 소설이다. 여기서 눈여겨볼 부분은 무의식을 들여다보게 되는 계기가 아들과 아버지의 관계를 통해 시작되었다는 점이다.

한번은 30대의 남자가 병원을 찾아왔다. 얼핏 보기에도 그의 얼굴은 선하고 착해보였지만 왠지 모를 우울감이 깔려 있었다. 그는 진료실에 앉더니 치료자의 눈치를 살피는 기색이었다. 내가 그를 향해서 이야기를 해도 좋다는 신호를 보내자 그는 조심스럽게 자신의 이야기를 꺼냈다. "죽고 싶다는 생각이 하루종일 떠나지를 않습니다."

그는 운전하는 도중에 핸들을 꺾어버리고 싶은 충동에 휩싸여 갓길에 차를 세운 적이 여러 번 있다고 토로했다. 점차 그 충동은 억제가 되지 않았고 이러다가는 자신이 감당하지 못할 무슨 큰일을 벌이고 말 것 같다는 두려움 때문에 정신과를 찾아왔다고 말했다.

그는 이렇게 말했다. "행복하지 않아요. 내가 살아야 될 이유를 잘 모르겠습니다."

그가 절망에 빠진 이유를 살펴보니 혼인 적령기였던 그는 누구보다도 결혼을 하고 싶어 했다. 하지만 그가 사랑하는 여자는 그에게 단호하게 결혼할 마음이 없다고 얼마 전 통보를 해왔던 것이다. 그의 꿈은 평범한 가정을 이루는 것인데 그 평범한 소망조차 이룰 수 없다는 사실로 인해 절망감을 느끼고 있었다. 주말에 마트나 공원에서 유모차를 끌고 가는 부부들을 보면 한없이 부럽다고 토로했다. 또 앞으로 항상 혼자여야만 하는 자기 모습이 초라하고, 심지어 세상에서 제일 볼품없는 실패자처럼 느껴진다고 했다.

그가 이러한 상황에 이른 것은 아버지와 관련한 사연이 있었다.

사실 그의 아버지는 오래전부터 조울증을 앓고 있었다. 그의 할아버지에게 작은 사업을 물려받은 아버지는 조울증을 앓으면서도 아슬아슬하게 사업을 이어갔다. 그러나 아버지는 결국 병을 이기지 못하고 자살을 했다. 아버지의 사업을 맡아서 할 사람이 아무도 없었기에 그는 아버지의 죽음을 애도할 시간도 없이 자신이 해오던 일을 급하게 그만두고 아버지의 공백을 메우기 위해 애썼다.

평소에 내성적이고 온순했던 그는 어릴 때부터 혼자 기계 만지는 것을 좋아했고, 대학도 기계공학과에 진학해 졸업 후에는 자동차 회사의 연구소에서 일했다. 연구실 안에서 모니터만 바라보고 있었을 뿐 회사를 경영해본 경험이 전혀 없었던 그가 갑자기 물류 회사의 사장이 되자 회사의 전 직원이 그를 의심의 눈초리로 바라보았다. 심지어 몇몇 실무를 담당하던 관리자들은 '네가 얼마나 버틸 수 있는지 보자'는 식으로 정보를 일부러 알려주지 않으며 골탕을 먹이거나 은근히 하대하는 일도 자주 있었다.

그는 직원들과의 관계에서 스트레스를 받기는 했지만 그들의 무시에 일일이 대응하기보다는 자신의 진심 어린 행동이 그들을 변화시킬 거라는 마음으로 몇 년 동안 주말도 없이 달려왔다. 어느새 회사는 안정되어 매출이 아버지가 돌아가시기 전보다 크게 향상되었다. 그러나 목표를 달성하자 그에게는 우울증이 찾아왔다.

"제가 버틸 수 있었던 이유는 아버지의 삶을 헛되지 않게 하겠다는 그 목표 하나였어요. 아버지의 죽음으로 인해 회사를 정리한다는 것은 아버지가 그동안 살아오셨던 삶을 우리 가족이 너무 쉽게 포기하는 것 같았어요. 그래서 아버지의 꿈을 이뤄드리고 싶었어요. 그리고 저는 그 역할을 위해 최선을 다했구요."

그의 아버지는 조울증 증상이 없을 때는 그에게 장난도 잘 치고, 바쁜 와중에도 시간을 내어 가족여행을 갈 정도로 자상했다. 하지만 심한 우울증 시기에는 그와 거의 대화도 하지 않고, 무기력하게 있는 모습을 자주 보이다가 반대로 조증이 심해지는 시기에는 그에게 사소한 일에도 쉽게 짜증을 내고 물건을 집어던지는 등 종잡을 수 없는 모습을 보였다. 마치 지킬 박사와 하이드 같은 아버지였지만, 그에게는 아버지의 어두운 면보다는 함께 즐겁게 놀아주던 밝은 아버지의 모습이 더 강하게 마음속에 남아 있었다.

그런 아버지를 추억하기 위해 그는 몇 년 동안 아버지를 대리한 삶을 살았다. 외로운 어머니 곁에서 그는 아들 역할뿐만 아니라 남편 역할도 했다. 아버지가 매달 생활비를 어머니에게 드렸듯이 그는 어머니에게 매달 생활비를 드렸다. 회사 사장이 됐음에도 그는 어머니에게서 연구원이었을 때의 용돈 그대로 받아서 생활했다. 착실한 남편 역할과 아들 역할을 철저히 한 것이다. 게다가 그는 홀로 계신 어머니가 외로워할까 봐 늘 어머니와 시간을 보내려고 했다. 유일한 가족인 어머니를 아버지처럼 허망하게 잃고 싶지 않았던 것이다.

그런데 누구보다 열심히 살아온 그는 왜 갑자기 극단적으로 자살 충동을 느끼게 된 것일까?

삶이 숨이 막힌다면 진짜 자아를 발견해보자

──────── 자살의 원인은 다양하지만 우울증과 가장 관련이 크고, 그중에서도 '희망 없음'과 관련이 깊다. 정신분석적으로는 자살에 대한 여러 가지 분석이 있다. 프로이트는 1917년에 발표한 그의 논문 〈애도와 우울증〉에서 자살을 "자신이 동일시한 사랑하는 대상에 대한 무의식적 공격"이라고 했다. 정신과 의사 칼 메닝거는 자살을 "자신에게로 향한 살인"이라고 하면서, 그것은 죽이고자 하는 소원, 죽임을 당하고자 하는 소원, 죽고자 하는 소원과 관련된다고 했다.

카를 융은 자아가 지나치게 외부 사회에 순응하고 내적 인격을 무시하고 살아가면 우울증이 나타날 수 있으며, 의식에서 이용할 만한 정신적 에너지가 고갈되어 결국 의식이 한계에 다다르면 절망감, 허무감, 자살 욕구가 생겨나게 된다고 보았다. 하지만 카를 융은 자살 충동은 낡은 자아의 태도가 죽고 새로운 인격으로 재생하려는 무의식적 충동이라고 봄으로써 자살 충동의 목적성에 대해 더 주목했다.

그는 아버지가 죽고 난 뒤 아버지의 삶을 떠안았다. 그렇다면 그는 아버지의 급작스런 죽음으로 무의식적으로 아버지와 동일시되어 자신의 삶을 한순간에 바꾸게 된 것일까? 아니면 아버지에 대한 죄책감을 아버지의 역할을 함으로써 대체하고 싶었던 것일까?

그는 아버지의 대체 역할을 성공적으로 했을지는 몰라도 진짜 자기의 삶은 어두운 창고 속으로 밀어넣어야 했다. 아버지의 역할을 졸업해야겠다고 생각했을 때, 그는 그제야 현실의 자신의 모습을 적나라하게 직면하게 되었다. 그는 자신의 욕구나 감정들이 한꺼번에 밀려오는데 어떻게 대처해야 할지 그 방법을 알지 못했다. 너무 이른 아버지의 죽음은 그때서야 원망으로 다가왔고, 어머니의 아들에 대한 집착은 질식할 듯한 답답함으로 느껴지게 된 것이다. 나는 그의 지금의 상태에 대해 설명해주었다.

"당신이 그토록 죽이고 싶어 했던 것은 당신의 낡은 아버지의 역할일지도 모르겠어요. 어쩌면 진짜 당신의 모습이 태어나는 순간이 지금인 것 같이 느껴지네요."

그에게 필요한 것은 그가 그답게 살아갈 수 있는 방법을 찾아주는 것이었다. 나는 거울이 되어 그의 모습 그대로를 그에게 비춰주는 역할을 했다. 그가 자신의 진짜 모습을 깨달을 수 있도록 상담을 통해 그가 원하는 것, 그가 두려워하는 것, 그가 실망하는 것, 그가 좋아하는 것을 파악하고 그에게 그대로 전달해주었다.

오랜 상담 후에 그의 많은 것이 달라졌다. 집무실을 자신만의 안락한 공간으로 꾸미기 시작했다. 그리고 결혼을 위한 연애대상이 아니라 오랫동안 소통할 수 있는 친구 같은 여자친구가 생겼다. 일을 마치면 곧장 어머니와 저녁 식사를 해야 하는 게 이전 삶의 의무였다면, 이제는 각자의 저녁이 있는 삶을 살고 있다.

지킬 박사와 하이드는 낡은 자아의 무의식적 충동을 이기지 못하고 결국 자살로 삶을 마감했다. 하지만 그는 이제 예전보다 더 에너지 넘치는 모습으로 살아가고 있다. 지금과 같은 그의 진짜 모습이 나타나게 된 것은 바로 가짜 자아의 자살이 있었기 때문이다.

우리 주위를 둘러보면 자신의 진짜 자아가 아닌 사회나 부모, 혹은 남들의 요구에 맞춰 자신의 자아를 만들어 살아가는 사람이 너무나 많다. 단적인 예로 성형수술이 일반화된 이유도 사회가 요구하고 좋아하는 미의 기준에 자신을 바꾸는 사람이 많기 때문이다. 그러나 그런 삶은 결코 행복할 수 없다. 우리 사회에 행복한 사람보다 불행한 사람이 훨씬 넘쳐나는 이유는 다름 아닌 대부분의 사람이 진짜 자아가 아닌 가짜 자아로 살아가고 있기 때문이다.

위의 내담자가 진짜 자아를 찾고 자신의 행복을 되찾았듯이 마음의 행복을 위해 자신의 진짜 자아를 찾는 시간을 가져보자.

내면의 그림자를 인식하기

왕따의 분노를 사이버상에 토해내는 청소년

———— 한번은 중학교 3학년 학생이 상담실을 찾아왔다. 180 센티미터가 넘는 큰 키지만 깡마른 체구로 나무젓가락처럼 가늘고 금방이라도 쓰러질 듯한 연약하고 불안한 모습이었다. 그는 나와 눈 맞춤도 전혀 하지 않고 바닥에 시선을 내리깐 채 침묵으로 일관했다. 유일한 보호자인 친할머니가 같이 오셨는데 손자가 집에서는 말을 곧잘 하는데 학교에서는 아무 말도 하지 않아서 담임선생님의 권유로 정신과에 방문하게 되었다고 말씀하셨다.

자초지종을 들어보니 중학교 2학년 때 심한 왕따를 당하고 난 이후로 그는 말도 안 듣고 반항적인 행동이 부쩍 늘어났다고 했다. 친할머니를 잠시 면담실에서 나가 계시도록 한 뒤 면담실에 나와 그 학생 둘만 남았다. 내가 침묵하자 그의 깊은 한숨이 적막한 상담실을 메웠다. 그는 '선택적 함구증(selective mutism)'을 보이고 있었다.

선택적 함구증이란 주로 4~8세 아동에게 흔히 나타나지만 간혹 청소년기에 들어서 드물게 나타나기도 한다. 친밀한 환경에서는 말을 잘 하지만, 학교나 낯선 장소에서는 말을 하지 않는 것을 말한다. 어떤 경우는 눈짓이나 몸짓, 즉 고개를 끄덕이거나 머리를 흔드는 것으로 의사소통을 하기도 한다.

그는 나에게 한두 번의 눈길만 힐끗 줄 뿐 어떤 말도 하지 않았다. 그래서 나는 그에게 이렇게 물었다. "그럼 혹시 선생님이 묻는 질문에 글로 답해줄 수 있니?"

그는 긍정의 의미로 고개를 끄덕였다. 그가 써 내려간 글들을 보니 참혹하기 그지없었다.

'아침에 교실에 들어가면 몇몇 친구들이 주위를 둘러싸고 이런 말을 한다. "야! 너 아직도 자살 안 하고 뭐 했어? 오늘은 자살하는 거 맞지?" "너 같은 건 괴물이야! 없어져야 해."'

친구들의 잔인한 말들은 일 년 전부터 오랫동안 지속되었다. 일 년 정도 반복해서 들으면 면역이 될 줄 알았지만, 들을수록 더 날카롭게 가슴을 후비고 들어왔다. 직접적으로 듣는 것도 괴롭지만, 더 괴로운 것은 하루 종일 쉴 새 없이 날아오는 비난의 SNS 메시지들이다. 그룹 활동시간이면 항상 배제되고, 주변의 따가운 시선 때문에 점심을 거르기도 일쑤다. 체육시간이 되면 어디에선가 갑작스럽게 날아오는 배구공에 머리를 얻어맞기도 했다.'

그리고 그는 마지막에 조용히 이렇게 썼다. '이제 정말 죽고 싶어요. 저 자신이 너무 혐오스러워요.'

그의 마음은 이미 세상을 향해 완전히 닫혀 있었다. 대신 사이버 공간 속에서 채팅을 하는 것으로 자신의 외로움을 달랬다. 나와 면담을 하면서도 그는 수시로 핸드폰을 들여다보았다.

사이버 공간 속에서 그의 모습은 현실과 달랐다. 상대방이 누구인지, 나이가 어떻게 되는지 상관없이 익명의 대상들은 그저 자신의 욕구 불만을 쏟아내기 위한 도구일 뿐이었다. 그는 폭력적이고 잔인한 말들을 아무렇지 않게 신나게 쏟아부었다.

그의 분노는 그렇게 이동하고 있었다. 마치 뜨거운 용암이 흘러내리는 것처럼, 그리고 흘러내린 그 주위를 새까맣게 태우는 것처럼 그와 그 주변이 회색잿빛으로 변하는 것이 느껴졌다.

사회적 과도기에 있는 어린 청소년들은 실제 자신의 정체성의 혼란을 느끼거나 삶의 존재론적 이유에 대한 물음이 생기는 경우 극단적이고 권위적인 단체에 관심을 가지기도 한다. 국내에서도 일간베스트(일명 일베)와 같은 극단적인 인터넷 사이트에서 벌어지는 분노의 모습은 인신공격성의 아주 자극적이고 원초적이며 잔인하기 그지없다.

자신의 분노를 다스리기 위해서는
근원적인 내면의 그림자를 인식해야 한다

─────── 분노는 인간이 태어나면서부터 갖는 기본적 감정이다. 인간은 자신의 욕구에 대한 만족을 추구하는 본능이 있는데, 욕구가 좌절되면 분노감과 같은 불쾌한 감정이 생기기도 한다. 하지만 자신의 욕구 좌절의 원인을 전혀 상관도 없는 타인에게 돌리는 것은 잘못된 분노의 표현으로 볼 수 있다. "종로에서 뺨 맞고 한강에서 눈 흘긴다"는 표현은 엉뚱한 곳에 화풀이하는 것을 말한다.

학교 친구들이 이유도 없이 그를 왕따 시키고 괴롭히는 것, 왕따를 당한 그가 익명의 사이버 공간에서 타인을 욕하는 것, 일베에서 쏟아내는 분노의 말들은 모두 자신 내면에 있는 그림자를 보지 않았기 때문이다. 여기서 '그림자'란 카를 융이 설명한 개념으로, 의식의 반대편에 있으며 무의식 속에 미분화된 채로 남아 있는 심리적 특징을 말한다. 즉, 무의식 속에 버려져 있어 분화될 기회를 잃었기 때문에 부정적이고 열등한 느낌이 들기도 한다. 만약 이유도 없이 어떤 사람을 볼 때마다 화가 나고, 거북하고 생각하기도 싫어진다면, 이는 자신속의 그림자가 외부의 대상에게 투사된 것으로 볼 수 있다.

그리고 또 한 가지 주목해야 할 사실은 분노는 사회적, 제도적으로 지지되는 상황에서 더 극단적이고 악랄하게 변할 수 있다는 점이다.

한때 국민의 공분을 산 '인분 교수 사건'이 있었다. 2년이 넘는 시간 동안 사무실 안에서 한 사람을 상대로 집단적인 학대의 잔혹함을 보여준 사건이었다. 거물로 알려진 교수와 그의 제자들이 또 다른 제자를 상대로 엽기적인 가혹행위를 한 사건으로 감금상태에서 인분을 먹이고, 야구 방망이, 최루가스, 전기충격기 등으로 상습적으로 고문을 한 사실이 밝혀졌다.

이러한 사건과 유사한 실험이 실제로 있었다. 1970년대 행해졌던 스탠퍼드 감옥 실험이다.

스탠퍼드 감옥실험이란 1971년 스탠퍼드 대학교의 필립 짐바르도 심리학 교수가 한 실험이다. 심리적으로 안정되고 육체적, 정신적 장애가 없으며, 과거 범죄나 약물 남용이 없는 중산층 가정의 좋은 교육을 받은 24명의 남자 대학생들을 실험대상으로 삼았다. 고용된 참가자들은 2주간 '가짜 감옥'에서 생활할 것이라는 설명을 듣고 그 대가로 일당을 받기로 하고 실험에 임했다. 교도관 역할을 맡은 실험 참가자들은 점차 자신의 역할에 몰입되면서 수감자 역할자들을 괴롭히기 시작했다.

예를 들면 교도관 역할을 맡은 참가자들은 수감자 역할을 한 사람들이 실수를 하면 오랫동안 기합을 주거나, 그들이 생리적인 현상을 해결하지 못하도록 변기통을 비울 수 없게 한다든가, 잠을 잘 수 없게 매트리스를 뺏는 등의 벌을 주었다. 몇몇 수감자 역할자들은 벌거벗은 채로 다니거나 남색을 흉내 내는 등의 성적 모욕을 받기도 했다.

결국 이런 상황이 벌어지기까지 실험 참가자 및 연구자 50명, 짐바르도 교수 역시 이 실험의 문제점에 대해 직접적으로 깨닫지 못했다. 짐바르도 교수의 여자 친구가 이 실험의 실상을 본 후에 당장 실험을 그만두라고 짐바르도에게 이야기했으며, 2주 동안 진행될 예정이었던 실험은 6일 만에 끝나고 말았다.

이 실험은 인간을 실험 대상으로 삼았다는 점, 실험의 진행상황과 결과가 윤리적으로 옳지 못했다는 점에서 큰 논쟁을 불러일으켰다. 그러나 이 실험의 결과는 인간의 본성을 잘 보여주고 있다. 사람들은 사회적, 제도적으로 지지를 받는 상황에서는 각자의 개인적인 성향보다는 주어진 역할에 맞는 행동을 하게 된다. 무고한 사람들에게 커다란 고통을 가하더라도 권위적인 대상(실험감독: 짐바르도 교수)의 명령에 복종하며 폭력을 합리화한다. 그리고 무엇보다 우리를 불편하게 하는 사실은 교도관들이 처음에는 복종에 따라 행동하다가 점차 자발적으로 잔혹성을 보이기 시작했다는 점이다. 이는 인간 내면에 숨어 있는 악에 대해 우리가 다시 생각해보게 한다.

인분 교수 사건에서 집단적으로 피해자를 괴롭혔던 제자의 인터뷰를 보면, 그는 처음에는 피해자에게 연민을 느꼈지만 시간이 흐르면서 점차 자발적으로 폭행에 가담하게 되었다고 한다. 나의 환자를 괴롭혔던 친구들의 무리도 괴롭힘을 당하는 내 환자의 편을 들다가는 자신도 친구들로부터 미움을 받을 거라는 두려움이 내면에서 고개를 들면서 점점 더 가혹한 행위에 동참했을 것이다.

나의 환자를 집단적으로 괴롭힌 학생들, 인분 교수의 제자들, 스탠퍼드 감옥실험의 교도관 역할자들은 자신의 내면의 어두운 그림자를 제대로 보지 못했을 뿐만 아니라 인정하지 않았다.

역사적으로도 인간의 잔혹성은 과거부터 현재까지 이어지고 있음을 볼 수 있다. 나치 지배하에서 독일인들의 유대인들을 향한 홀로코스트, IS의 무차별적인 잔혹성으로 인한 끊임없는 시리아 내전 등 인간은 자신의 폭력성을 다른 누군가를 향해 휘두르며 해소하고 있다.

그리고 좁게는 우리의 학교 교실에서, 우리의 직장에서, 우리의 가정에서, 우리의 모임 내에서 지금도 끊임없이 일어나고 있다. 그렇다면 '분노의 이동'을 막기 위해서 어떻게 하면 좋을까?

집단적인 분노든, 개인적인 분노든 일단 개개인이 자신의 내면에 존재하는 그림자를 들여다보아야 한다. 분노의 원인이 과연 자신이 분노를 쏟고 있는 대상에게 있는지 생각해보아야 한다. 그리고 분노를 생기게 하는 대상에게서 느껴지는 미움, 거부감, 짜증, 화를 내는 정도와 감정의 시작이 적절한지 살펴봐야 한다. 남들이 그렇다고 하니까 그렇겠지 라고 생각해서는 안 되고, 내면의 나는 어떤 이야기를 하고 있는지 귀 기울여 듣는 시간을 가져야 한다.

또 한 가지 잊지 말아야 할 점이 있다. 자신의 분노를 해소하기 위해 스탠퍼드 감옥실험의 교도관이 되고 있지는 않은지, 따돌림이 두려워 방관자가 되고 있지는 않은지 돌아볼 필요가 있다. 내가 교도관의 위치에서 괴롭히고 있는 사람은 없는지, 교도관은 아니라할지라도 실험에 참가한 연구원처럼 악행이 자행되고 있음에도 내 체면이나 외부의 시선 때문에 무시하고 외면하고 있는 것은 아닌지 생각해보아야 한다. 짐바르도 교수의 여자친구 마슬락처럼 외부에서 인정하는 거짓에 동조할 것이 아니라 내면에서 말하는 진짜 목소리를 낼 수 있는 용기가 필요하다.

마치 안데르센의 동화 《벌거벗은 임금님》에 나오는 "임금님이 벌거벗었어요!"라고 진실을 외친 순진한 어린아이처럼 진실에 솔직해질 필요가 있다. 그렇게 될 때 굳게 닫혀 있던 우리 각자의 마음의 감옥의 문이 열리게 될 것이다. 결국 나를 갑갑하게 포위했던 감옥 문의 열쇠는 내가 가지고 있는 것이다.

피해의식을 느끼는 것은
당한 것이 많기 때문일까?

극도의 피해사고를 보이는 20대 직장인과 재수생

─────── "왜 사람들이 제 이름을 외우지 못하죠? 나를 놀리는 것도 아니고…."

20대 후반의 젊은 직장인이 회사에서 있었던 불쾌한 일을 털어놓았다. 일주일 전 입사한 그가 털어놓고 있는 것은 사실 분노였다.

"그 사람의 배려 없음에 너무너무 화가 나요. 더 열 받는 것은 예전에 상처받았던 일들이 줄줄이 꼬리를 물면서 떠오르는 거예요. 그래서 하루 종일 아무것도 할 수가 없어요. 반드시 복수하고 싶어요."

만약 자신의 이름을 계속 틀리게 부른다면 나를 존중해주지 않는다는 생각에 신경이 곤두설 것이다. 하지만 아직 입사한 지 일주일밖에 안 된 그의 이름을 회사직원이 정확히 모르는 것도 조금은 이해가 되었다. 그는 자신의 존재를 정확히 알아봐주길 원하는 기대가 보상받지 못하자 분노가 마치 들끓는 화산처럼 걷잡을 수 없었던 것이다. 그리고 부정적인 생각이 꼬리를 물게 된 것이다.

'이 사람이 진짜 나를 무시하나? 내가 이렇게 힘들고 화가 나는 걸 전혀 모른 채 저렇게 웃고 있다니? 저런 배려심 없는 사람이 다 있을까?'

그의 이름을 잘못 불렀을 뿐인데 그 회사 동료는 이미 그에게는 박해자가 되어버렸다. 상대방이 실제로 괴롭힐 의도가 있었는지의 여부보다는 자신이 실제로 괴롭고 힘든 것에 초점을 맞춘 결과다.

또 자신의 열등감을 주변사람에게 투사하는 경우도 있다.

대학입시에 실패한 후 찾아온 재수생이 있었다. 대학에 떨어졌다는 사실은 그의 인생에서는 처음으로 겪어보는 실패였다. 이제까지 그는 노력한 만큼 결과가 나왔기에 나름 만족스런 삶을 살아왔다. 그는 대학에 떨어진다는 것을 생각해본 적이 없었기 때문에 그 사실을 받아들이기가 너무나 힘들었다.

그는 자신의 실패에 대한 아픔을 돌아볼 겨를도 없이 부모님의 강요로 재수를 선택했고 기숙학원에 들어갔다. 낯선 기숙사 생활은 그의 우울감과 고독감을 더 깊게 만들었다. 기숙학원에 들어간 지 며칠이 지나지 않아서부터 그는 주변 사람들을 볼 때마다 자신에 대해서 비난하고 수군댈지도 모른다는 두려움에 휩싸였다. 그래서 쉬는 시간 몰려 있는 친구들을 보면 왠지 위축되면서 이런 생각이 들기 시작했다.

'쟤는 왜 맨날 나만 보면 웃는 거지? 내 모습이 우스꽝스러워 보이나?'

그 후로 그는 아침에 일어나면 오랫동안 샤워를 하고 옷차림에 신경을 썼다. 친구들의 비웃음이 신경 쓰였기 때문이다. 그의 노력에도 불구하고 여전히 친구들의 키득거리는 웃음소리는 그치지 않았다. 처음에는 의심이 들었지만 점차 확신이 들면서 불안감이 밀려들었다.

'내가 친구들에게 뭔가 큰 실수를 했음에 틀림없어. 그러니까 친구들이 나를 화풀이식으로 따돌리는 거야.'

조용한 자습시간은 그의 숨통을 조여왔고, 머릿속은 자신을 비웃고 지나간 친구 생각으로 가득 찼다. 수업이 끝나면 잠들기 전까지 친구들의 SNS에 자신을 비난하는 내용이 올라와 있지 않은지 확인하기 위해 수시로 그들의 SNS를 들어가보았다. 그리고 결국 괴로움을 견딜 수 없어 죽고 싶다는 생각이 들어 나에게 찾아온 것이다. 나는 그에게 물었다.

"친구들로부터 직접 비난의 말을 들은 적이 있어요?"

그는 "그건 아니지만—"이라고 말끝을 흐리더니 한 친구의 SNS 프로필을 나에게 보여주었다. '가식적으로 살지 말자!'라는 문구가 적힌 친구의 프로필을 보여주며 그 내용이 바로 친구가 자신에게 보내는 비웃음의 메시지라고 말했다. 그러나 객관적으로 보자면 그를 지칭하는 어떠한 단서도 찾을 수 없었고 오히려 친구가 자기 자신에게 말하는 내용으로 보였다.

그가 모아놓은 피해사고의 조각들은 실은 그의 열등감을 반영하고 있었고, 그는 자신의 열등감에 압도되어 피해의식에 사로잡혀 있었다.

피해의식은 열등감의 투사에서 비롯된다

──────── 사람들이 자신을 무시한다는 생각의 출발은 사실 내 마음속에서부터 시작된다. 이러한 피해의식이나 피해망상이 생기는 사람들의 특징은 객관적인 증거가 부족함에도 쉽게 비약해서 결론을 내리는 성향이 있다는 점이다. 이는 자신을 둘러싼 실제 상황이 감정적으로 용납할 수 없고, 견딜 수 없기 때문에 가상의 현실이나 믿음을 만들어서 견디려는 무의식적 과정으로 볼 수 있다. 또한 이런 부정적인 결론의 바탕에는 살아오면서 겪은 부정적인 경험이 누적되어 있다.

정신분석적으로는 피해의식이나 피해망상은 자기애적 욕구의 좌절에서 오는 실망감이며, 부정적 자기 이미지를 덮어보려는 시도로 해석할 수 있다. 피해사고를 가지고 있는 사람들은 자신의 작은 잘못이나 타인의 조그만 지적에도 극도로 민감하게 반응하고, 그것을 예민하게 받아들인다. 결국에는 자기 자신의 부족한 점이나 단점, 실패 등과 같은 모습을 스스로 인정하지 못하고 남 탓으로 돌린다. 결국 타인을 향한 비난은 사실은 자기 자신에 대해 스스로 느껴지는 굴욕감, 수치감, 손상된 자존심에 대한 방어인 투사인 것이다. 그 예가 바로 누가 자기를 미워한다고 생각하지만 사실은 자신이 스스로를 미워하는 것의 반영이다. 위의 재수생의 예도 마찬가지로 볼 수 있다.

또한 이런 사람들은 긍정적인 피드백도 받아들이지 못하고 민감하게 생각한다. 상사가 "일을 참 잘 처리했어" 또는 친구가 "너가 있어서 참 좋아"라는 말을 해도 비꼬아서 해석한다. '상사가 나에게 일을 더 시키려는 수작이야', '더 이상 할 말이 없으니까 입에 발린 소리 하는 게 틀림없어'라고 속으로 생각하는 것이다.

그런데 그들이 그런 결론을 내리는 이유에 대한 어떠한 논리나 증거는 없다. 그들은 자신이 믿는 대로 주변의 환경을 인식한다. 그들의 부정적인 믿음대로 감각적 착오를 일으키고, 이는 다시 부정적 믿음을 강화해서 결국 악순환이 된다. 그들과 이야기를 나눠보면 부정적인 사건들은 잘 기억하고 있지만 긍정적인 사건은 무시해 버린다.

그럼, 이유 없는 피해의식을 떨쳐버릴 수 있는 방법은 무엇일까?

위에서 이야기한 신입사원과 재수생의 경우 자신 내면에 있는 가시들을 먼저 들여다볼 필요가 있었다. 나는 그들 내면의 가시들이 얼마나 그들의 정신과 마음에 많은 상처들을 남기게 됐는지 그들과 함께 하나씩 하나씩 들여다보았다. 그들은 처음에는 그것을 전혀 달가워하지 않으며 이렇게 말했다.

"그 문제는 선생님과 들여다보고 싶지 않아요. 들여다본다 해도 달라질 것은 하나도 없어요. 그러니 다른 것부터 이야기해요. 선생님께 말하고 싶은 다른 이야기들이 얼마나 많은데요."

우리는 몸에 가시가 박히면 피부 조직의 감염을 우려해 그것을 뽑아내는 것을 당연하게 생각한다. 그러나 눈에 보이지는 않지만 정신적인 오염을 만드는 마음의 가시는 잘 인식하지 못한다. 하지만 마음의 건강을 위해서 그 가시는 반드시 뽑아내야 한다. 더욱이 그 과정은 물리적인 절제와는 비교도 되지 않을 만큼 고통스럽지만 정신적인 치유를 위해서 반드시 거쳐야 하는 과정 중의 하나다. 그렇다고 절대로 서둘러서는 안 된다. 마음의 준비가 되어 있지 않은데 서둘러 상처에 메스를 대면 내면에 또 하나의 트라우마가 생길 수도 있기 때문이다.

피해사고를 가진 사람들은 자신의 나쁜 점을 인정하게 되면 자신의 전체가 나빠지게 되는 것 같다는 강한 믿음을 갖고 있다. 마치 깨끗한 물이 담긴 유리컵에 검정 잉크를 한 방울 떨어트리면 컵 속에 담긴 물 전체가 오염되듯이 자신의 마음도 그러하다고 생각한다. 그래서 그들은 검정 잉크가 완전히 퍼져서 나는 망했다라고 생각하거나, 또는 검정 잉크가 애초에 자신에게는 없었다는 듯이 검정잉크를 다른 사람들이 쥔 유리컵에 떨어트린다.

하지만 우리 마음은 좁디좁은 유리컵에 담긴 '고인 물'이 아니라 산과 계곡을 흐르고 흘러 강이 되고 바다가 되는 '흐르는 물'과 같다. 다시 말해, 우리의 마음을 두는 그릇의 제한은 없다. 흐르는 물에는 검정 잉크 한 방울을 떨어트려도 곧 맑아진다. 전체가 부분을 정화해주는 것이다.

정신분석가 멜라니 클라인은 아이들이 부모를 비롯해서 그들을 둘러싼 세상을 처음에는 나쁜 대상과 좋은 대상 두 개로 나누고 함께할 수 없는 세상으로 받아들이기 시작하다가 점차 부분대상에서 전체대상으로 바라보는 눈을 갖게 된다고 설명했다. 부분대상 관계에서는 자신이 겪는 심리적 고통이 모두 외부의 나쁜 대상 때문이라고 생각한다. 그러나 전체대상과 관계를 맺게 되면서 그 대상이 좋을 때도 있고, 나쁠 때도 있음을 이해하게 된다. 이러한 사실을 인식하게 되면서 자연스럽게 피해의식은 서서히 줄어든다고 지적했다.

만약 이유 없는 피해의식으로 고통받고 있다면 내가 사람들과 어떻게 관계를 맺고 있는지 살펴볼 필요가 있다. 부모님, 형제, 친구들, 상사, 동료들과의 관계에서 어려움이 있는가? 혹시 그들의 나쁜 부분을 그들의 전체로 생각해서 그들을 미워하고 원망하고 있지는 않은가?

그리고 당신의 기억들도 마찬가지다. 당신을 마음 아프게 하고 슬프게 했던 기억들이 있는가? 그런 나쁜 기억들을 이제까지 살아온 당신의 전체 기억으로 생각하고 당신 인생 전체가 엉망이고 나빴다라고 단정하고 있는 것은 아닌가?

부분이 아닌 전체를 바라보는 자세는 당신 마음에 부정적인 감정들이 쌓여 독소가 될 때 그것을 정화하고 물리칠 수 있는 마음의 보호막이 되어줄 것이다.

제5장

거절감

공기가 가득 찬 풍선을 물속에 넣으려고 해본 적이 있는가? 손으로 누를 때는 잠시 물속으로 들어가는가 싶다가도 손의 힘을 빼면 풍선은 다시 물 밖으로 튀어나오고 만다. 여기서 공기는 존재하지만 보이지 않는 우리의 무의식과 같고, 풍선은 불안이며, 손의 힘은 우리 의식의 방어로 볼 수 있다. 결국 불안을 다스리기 위해서는 팽팽한 풍선의 매듭을 푸는 과정이 필요하다. 즉, 내면의 무의식적인 생각들을 자유롭게 의식의 세계에서 이야기해야 하는 것이다.

불안감은 억누를수록
내면에서 팽창한다

발표불안을 가진 사회공포증의 50대 의사

──────── 프랑스 작가 장자끄 상뻬의 《얼굴 빨개지는 아이》라는 소설이 있다. 소설의 주인공 꼬마 마르슬랭에게는 커다란 콤플렉스가 있다. 시도 때도 없이 얼굴이 빨개진다는 것이다.

마르슬랭은 그런 자신의 콤플렉스를 이해하지 못하거나 놀림감으로 바라보는 사람들의 시선을 피해서 늘 혼자 다니고 생활한다. 정신과 전문의의 눈으로 바라보자면 마르슬랭은 정신적으로 사회공포증을 갖고 있는 것으로 생각된다.

한번은 마르슬랭과 같은 고민을 가진 50대 중년의 의사가 상담실을 찾아왔다. 그는 대학병원에서 인정받는 내과 교수로 사회적으로 성공한 사람이었다. 그런데 그는 남들이 알지 못하는 심한 불안감을 갖고 있었다. 그는 자신의 증상을 이렇게 호소했다.

"선생님도 아시다시피 학회에서 발표를 할 일이 많습니다. 한두 번 한 일도 아닌데 그때마다 가슴이 벌렁거리고 목소리가 심하게 떨립니다. 주변 사람들이 눈치 챌 정도로요."

이야기를 들어보니 그의 목소리 떨림은 오래된 증상이었다. 초등학교 발표시간 때부터 시작된 그의 증상은 어른이 된 후에도 사라지지 않고 그를 괴롭혔다. 그는 자신의 조용하고 꼼꼼한 성격이 내과와 맞을 것 같아 전공으로 선택한 뒤 힘든 내과 전공의 생활을 무사히 마쳤다. 수련을 마치고 난 후에 교수님들의 인정을 받아 대학교수의 길을 걷게 되었지만 쉴 새 없이 바쁜 일과보다 그를 더욱 힘들게 한 것은 학회나 컨퍼런스 시간에 발표를 하는 일이었다. 그때마다 그는 이유 없이 얼굴이 붉어지고 가슴이 콱 막힌 듯 답답해지면서 목소리가 심하게 떨렸다는 것이다. 특히 경험이 많고 나이가 많은 선배 의사들이 많을 때는 불안증상이 극에 달했다고 한다.

그에게는 '사회공포증(social phobia)'이 있었다. 사회공포증이란 다른 사람들 앞에서 창피를 당하거나 난처해진 경험으로 인해 또다시 불안해하는 증상을 보일까봐 두려워하는 것을 말한다. 그래서 사회적 불안을 경험한 뒤에 그와 유사한 상황에 노출되면 거의 예외 없이 불안반응을 일으킨다. 예를 들면 마르슬랭처럼 과도하게 얼굴이 붉어지거나, 목소리가 심하게 떨리거나, 심장 박동이 증가

하고 호흡이 가빠지는 것과 같은 증상이다.

이러한 그의 증상은 어렸을 때의 경험에서 비롯된 것이다.

그는 아주 어렸을 때 아버지를 여의고 어머니 혼자 생계를 꾸려 나갔기 때문에 집안 형편이 매우 어려웠다. 어린 그가 유일하게 의지할 만한 사람은 그보다 열 살 많은 형이었다. 그에게 형은 믿음직스럽고, 의지할 수 있는 아버지와 같은 존재였다. 하지만 어린 그가 실수를 할 때면 형은 언제나 매를 들면서 이렇게 꾸짖었다. "똑바로 하지 않으면 너가 아니라 우리 집안이 욕을 먹는다!"

그는 그런 형에게 단 한 번도 대들거나 반항하지 않고 언제나 순종하면서 어른으로 성장했다. 형이 먼저 의사의 길을 선택했고 의대에서 인정을 받았지만, 교수직을 하기에는 수입이 부족하다고 느껴 작은 개인병원을 하면서 집안의 생계를 책임졌다. 형이 안정되면서 집안의 경제적인 부분은 많이 나아졌고, 그는 형에 대해 항상 감사하게 생각하고 그를 진심으로 존경했다. 형의 존재는 그뿐만 아니라 친척들에게도 크게 자리잡고 있어 친척들도 형을 따르고 인정했다. 그래서 집안의 크고 작은 일들은 언제나 형의 의견을 따랐다.

한번은 친척어른이 그에게 전화를 걸어 부탁을 했다. "검진 결과가 안 좋게 나와서 먼저 형과 의논했는데, 아무래도 대학병원에 있는 너에게 물어보는 게 나을 것 같아서 연락을 했다."

형은 평소 친척들에게 의학적인 자문을 해주는 것에 대해 자부

심을 느끼고 있어 그는 결코 나서지 않았다. 하지만 이번에는 형이 이미 자문을 해준 일을 그가 다시 맡게 된 것이다. 그는 친척어른을 도와줘야 할 것 같다는 생각에 그 일에 대해 형에게 알렸다. 그런데 동생의 말을 듣자마자 형은 불같이 화를 냈다.

"아니 일이 이렇게 될 거면 애당초 나에게 물어보지 말았어야지. 내 체면이 뭐가 되냐? 나는 뭐 좋아서 그렇게 시간을 내서 신경 써주는 줄 알아!"

형의 화는 거기서 그치지 않았다. 부탁했던 친척어른에게 전화를 걸어서 화를 냈고 친척어른이 급기야 형에게 사과를 해야 했다. 그는 형의 그러한 모습을 보면서 속으로 생각했다. '이게 그렇게 화를 낼 일인가?'

그의 이야기를 들으며 나도 형이 그렇게 화낼 일은 아니라는 생각이 들었다. 형이 그토록 화가 난 것은 그 일이 형의 콤플렉스를 자극했기 때문인 것으로 생각되었다. 그래서 그에게 말했다.

"그 일은 당신의 잘못은 아닌 것 같네요. 형에게도 마음속에 뭔가 불편한 게 있기 때문이 아닐까요?"

"더 이상 형에 대한 이야기를 꺼내고 싶지 않아요."

그는 초조한 기색을 띠며 대답했다.

"왜죠?"

"형이 제 말을 지금 듣고 있는 것만 같아요. 그래서 금방이라도 형이 나타나 화를 낼 것 같아 두려워요."

형과는 멀리 떨어져 있는 진료실에서조차도 그는 형에 대한 두려움을 느끼고 있었다.

"형은 정말 훌륭하고 아버지와 같은 분이세요"라고 말하며 그는 서둘러 이야기를 마무리했다.

사실 그의 내면의 인격 속에는 엄격한 '아버지 상(father figure)'이 자리잡고 있었다. 인간은 어려서부터 동성의 부모를 이상화함으로써 자신의 자아상을 만들어간다. 하지만 그는 아버지의 이른 죽음으로 인해 그가 닮아가야 할 '이상화 대상'이 없었다. 그런 그에게 형의 모습은 충분히 아버지를 대체할 만했다. 어린 나이의 형은 스스로 이상적인 아버지가 되기 위해 의식적이든 무의식적이든 노력했을 것이다. 하지만 한창 아버지의 보살핌을 받아야 할 어린 형의 아버지 역할은 어딘가 많이 부자연스럽고 미숙했을 가능성이 크다. 형은 항상 타인을 의식해 지나치게 완벽하려고 애썼고 남들에게 무시당하면 안 된다는 강박관념이 있었는데, 그런 형의 삶의 태도는 고스란히 동생에게 전해졌다.

그래서 그는 자신이 평가받는 사회적 상황을 마주할 때마다 형의 잔소리, 즉 엄격한 아버지 상으로부터 들려오는 비난의 목소리를 들었던 것이다. '왜 좀 더 완벽하게 하지 못하는 거니?' '네가 제대로 하지 못할 때마다 사람들이 너를 얼마나 비웃는지 아니?' '너는 우리 집안 망신을 시키고 있어!'

이제는 어엿한 가장이자 대학병원 교수라는 사회인이 되었음에도 그는 여전히 형의 어린 동생으로 인생을 살아가고 있었던 것이다. 그는 언제나 한평생 가족들을 위해 헌신했던 형의 희생에 대해 절대적인 감사의 마음을 갖고 있었고, 형에게 반대하는 생각은 죄를 짓는 것과 같다고 생각하며 살았다. 심지어 치료자와 단 둘이 상담하는 순간에도 형이 마치 자신을 지켜보고 있는 것처럼 느끼고 있었다.

하지만 알게 모르게 그의 무의식 속에는 형에 대한 미움과 분노, 복수하고 싶은 감정이 쌓이고 있었다.

불안감으로 힘들 때가 많다면
그것을 유발하는 내면의 이야기를 꺼내보자

──────── 프로이트는 불안이란 "용납할 수 없는, 그러나 그 내용을 알 수 없는 막연한 무의식적 욕구가 의식을 위협할 때 느껴지는 것"이라고 지적했다.

그도 마찬가지로 형에 대한 분노, 복수하고 싶은 마음을 방어하고 잘 다스리며 살아왔지만, 충분히 방어하지 못한 위험한 생각들은 불안을 유발했다.

우리 주변에는 '아버지 상'들이 많이 있다. 학교 선생님, 군인, 경찰관, 의사, 임원 등등이 모두 아버지 상에 해당된다. 그에게는 형이 바로 아버지 상이었고, 그 이외의 아버지 상들을 대면할 때면 불안증상이 나타났던 것이다.

상담치료를 진행하면서 나는 그에게 형에 대해 느끼고 있는 감정들을 솔직하게 말하도록 했다. 그는 처음에는 형에 대한 불편한 감정들을 쉽게 쏟아내지 못했다. 나는 그에게 형이 신이 아님을, 그와 분리된 존재임을 지속적으로 확인시켜주었다. 그리고 그 또한 인생을 힘들게 살아왔으며 누구보다 노력했음을 인정해주었다. 그는 처음에는 "누구나 다 힘들어요"라고 하며 나의 인정을 믿지 않았다.

물론 우리는 누구나 힘겹게 삶을 지나가고 있다. 하지만 누구나 힘들다고 해서 나의 힘겨움을 무시할 것이 아니라 너도 힘들고, 나도 힘드니 서로 이해하고 배려해야 하는 것이다. 그리고 힘겨움의 감정 그대로를 수용하고 인정해야 내 마음이 정화될 수 있다. 자신의 감정을 스스로 인정하지 않으면 감정은 어딘가에서 막혀 조절되지 않는 '불안'으로 나타날 수 있기 때문이다.

공기가 가득 찬 풍선을 물속에 넣으려고 해본 적이 있는가? 손으로 누를 때는 잠시 물속으로 들어가는가 싶다가도 손의 힘을 빼면 풍선은 다시 물 밖으로 튀어나오고 만다. 여기서 공기는 존재하지만 보이지 않는 우리의 무의식과 같고, 풍선은 불안이며, 손의 힘은 우리 의식의 방어로 볼 수 있다.

결국 불안을 다스리기 위해서는 팽팽한 풍선의 매듭을 푸는 과정이 필요하다. 즉, 내면의 무의식적인 생각들을 자유롭게 의식의 세계에서 이야기해야 하는 것이다. 50대 중반에 들어 나를 찾아왔던 그도, 그리고 엄격한 아버지 역할을 했던 그의 형에게도 쏟아내지 못한 내면의 이야기가 많이 있었다.

　나에게 형에 대한 다양하고 복잡한 감정들을 쏟아내는 예행연습을 했던 그는 얼마 후 실제로 형을 만나서 진실하고 솔직하게 자신의 감정을 보여주었다. 무조건 혼내고 질책할 것 같았던 형은 그의 이야기를 묵묵히 들어 주었다. 그리고 그의 말이 끝나자 아무 말 없이 그에게 담배 한 개비를 건넸다. 그들은 서로 말없이 먼 산을 바라보며 조용히 담배를 피웠다. 담배가 다 타들어갈 즈음 형은 "그간 너도 참 힘들었겠네"라고 말한 뒤 그의 어깨를 두드린 뒤 집으로 들어갔다. 형의 무뚝뚝한 한 마디를 듣자 그는 그 순간 내면에서 불안이라는 공기가 빠져나감을 느꼈다.

　만약 당신이 알 수 없는 불안감으로 마음이 불편하거나 혹은 불안증세가 나타난다면 그 불안의 근본 원인을 곰곰이 생각해보고 해결해야 한다. 위 사례의 의사분처럼 누군가로 인한 압박감이라면 상대와 허심탄회한 대화를 나누며 가슴속에 맺힌 불안의 공기를 빼주어야 풀리지 않은 감정이 막혀 불안이나 다른 정신적인 증상으로 발전하지 않을 수 있다.

　만약 남에게 말하지 못하고 가슴에 담아둔 응어리가 있다면 그 상대 혹은 마음이 맞는 사람과 속 시원하게 대화를 나눠 보는 것은 어떨까?

상대방이 내 이야기를 받아들일지 아닐지에 대해서는 두려워하지 말자. 그간 상대방이 짐작하고 예측해왔던 당신의 겉모습이 아니라 당신의 속마음을 이야기하는 것이기에 상대방은 당신의 이야기에 당혹스러워할 수도 있다. 하지만 당신이 속마음을 이야기하는 순간은 이제까지 '가짜딱지'로 뒤덮여 살아왔던 당신의 겉모습에서 가짜딱지가 떨어져 나가는 순간이 된다. 그렇게 가짜딱지들이 하나둘씩 떨어져 나가면 숨어 있던 당신의 진짜 모습이 드러나게 될 것이다. 그러면 상대방도 비로소 당신의 진짜 모습을 깨닫게 될 것이다.

상대방이 아니라 내가 바뀌는 것, 그것이 불안을 해소하는 지름길이다.

불안은 해로운 감정이 아니다

폭력적인 아버지로 인해
삶이 공포로 질려 있던 40대 여성

——————— "선생님, 작은 소리에 깜짝깜짝 놀라고 가슴이 쿵쿵거
리고 숨쉬기가 곤란해요."

그녀는 40대 중반의 직장인이었다. 하루에도 수차례 사람이 많
은 곳에 가면 가슴이 답답하고 목구멍이 조여 오는 느낌을 받는다
고 했다. 그리고 자신이 무슨 연극 무대에 서 있는 것처럼 낯선 사
람들이 모두 자기를 쳐다보고 있는 느낌이 든다고 말했다. 사람들
의 시선을 유난히 싫어하는 그녀는 사람들과 눈을 마주치지 않으
려고 길을 걸을 때는 바닥을 보고 걸었다. 행여나 아는 사람이 저

멀리서 걸어오면 무슨 잘못을 저지른 것도 아닌데 오던 길을 되돌아가거나 건물 안으로 숨어버렸다.

상담을 해보니 그녀는 '광장공포증(agoraphobia)'과 '사회불안증(social anxiety)'을 앓고 있었다. 광장공포증은 버스, 지하철, 기차와 같은 대중교통을 이용하거나 주차장, 공원과 같은 넓은 공간이나 영화관, 마트와 같은 밀폐된 공간에 머무를 때 또는 집에 혼자 있는 상황에서 극심한 공포와 불안을 느끼는 것을 말한다. 이런 상황에서 공황발작과 같은 죽을 것 같은 공포에 휩싸였을 때 다른 사람의 도움을 받기 어렵거나 그 상황을 혼자서는 벗어나기 어려울 것이라는 생각 때문에 그런 상황을 매우 두려워한다.

그리고 특정한 대인관계나 사회적 상황에서 남을 의식하여 불안이 생기는 것을 '사회적 불안(social anxiety)'이라고 하며, 특정한 일을 수행할 때 긴장과 더불어 이를 쳐다보는 사람들을 의식하여 생기는 불안을 '수행 불안(performance anxiety)'이라고 한다. 이와 같은 사회적 불안이나 수행 불안의 정도가 심해서 남 앞에 나서는 상황을 계속 회피하고, 매번 불안한 상황에 직면할 거라는 생각에 일상생활에 지장을 받는 경우를 '사회불안장애'라고 한다.

"불안이 언제부터 시작되셨나요?"

"어렸을 때부터 저에게는 보이지 않는 큰 보따리가 있어요. 그 보따리를 손에서 내려놓고 싶은데 그게 제 손에서 떨어지지를 않아요."

"당신이 어렸을 때부터 쥐고 있는 그 보따리는 뭔가요?"

그녀는 한참을 생각하더니 어렵게 입을 열었다.

"아버지요⋯."

나는 그녀의 불안이 언제부터 시작됐는지 물어보았는데 그녀는 자연스럽게 아버지를 연상했다. 그녀의 아버지는 술에 취해서 늦게 들어오는 날이 많았고, 새벽 늦게 집에 들어와서 자고 있는 가족들을 깨워 이것저것 심부름을 시키기 일쑤였다. 만약 가족들이 자신의 요구를 들어주지 않거나 비위를 거스르면 폭력을 행사했다. 그녀는 바깥에서 친구들과 놀다가도 아버지가 부르면 곧장 들어가야 했는데 조금이라도 늦으면 아버지는 고함을 치거나 심하게 꾸짖고는 했다.

만성적이고 지속적으로 정신적, 육체적 학대를 받았던 그녀에게는 사회에서 만나는 사람들 대다수가 제2의 아버지처럼 느껴졌을 것이다. 일을 잘하든 못하든 상관없이 잔소리를 할 것 같고, 자신을 괴롭힐 것처럼 느껴지기에 그녀는 긴장하고 눈치 보는 것이 일상화되어 있었다.

"지금도 저는 초등학교 3학년인 것처럼 느껴져요"라고 말하며 그녀는 상담 도중 흐느꼈다.

내 앞에서 흐느끼는 그녀는 분명 40대의 성숙한 여인이었지만, 마치 초등학교 3학년 여자아이가 서럽게 우는 것처럼 느껴졌다. 시간은 우리의 상처가 아물든 말든 속절없이 흘러간다. 세월 속에서 육체는 성장했을지 몰라도 당시 무서움에 떨고 상처받은 가여운 영혼은 성장하지 못한 채 남아 있게 되는 것이다.

무서운 아버지 밑에서 자란 그녀는 예측할 수 없는 아버지의 행동에 항상 마음을 졸이며 살았다. 아버지의 불호령이 언제 떨어질지 모르기 때문에 항상 집에서 아버지의 눈치를 보며 불안에 떨며 지냈다고 한다.

실제로 그녀와 같은 사회불안장애는 타고난 기질과 주위 환경으로 인한 스트레스가 합쳐져서 생긴다고 보고 있다. 특히 부모의 이른 사망이나 부모와의 이별, 형제들로부터의 학대, 가정 내 폭력 등의 스트레스가 만성적으로 가해지면 사회불안장애가 나타난다는 것이다.

그녀를 괴롭히는 신체증상, 즉 깜짝깜짝 놀라고, 심장이 빨리 뛰고, 호흡이 가빠지고, 초조해하는 증상을 완화하는 방법으로 약물치료가 도움이 된다. '항불안제'나 '베타블록커'와 같은 약물을 쓰면 이런 신체적 증상은 금세 사라질 수 있다. 그리고 약물치료로 증상이 완화되었다면 그때부터 환자의 정서 상태를 살펴보면서 함께 이야기를 나눈다.

불안에 대한 과민성과 사람들의 거절에 대한 민감도가 상당히 높았던 그녀에게 필요한 것은 상대방에게 거절을 해보는 연습과 상대방과 눈을 맞추고 이야기하는 연습이었다.

상담시간에는 언제나 속사포처럼 자신의 증상을 쏟아내던 그녀에게 나는 말했다.

"시간의 여유가 있으니 제가 기다려줄게요. 천천히 이야기해도 됩니다."

또 상담시간에 늦을까봐 매번 택시를 타고 쫓기듯 오는 그녀에게 나는 이렇게 말해주었다.

"늦으실 것 같으면 미리 연락만 주세요. 상담시간은 언제든 변경할 수 있어요."

그리고 현재 먹고 있는 약이 메스껍고 불편한 사실을 오랜 시간이 지난 뒤에야 조심스럽게 고백하는 그녀에게 나는 말했다.

"약을 불편하지 않게 쓰는 것은 제 몫인데, 불편함이 있으면 언제든 이야기하셔야 합니다. 당신은 마루타가 아니에요."

이렇듯 그녀는 자신의 불편감을 하나씩 다루면서 그것이 상대방을 기분 나쁘게 하지 않는다는 사실을 깨닫게 되었다. 그리고 사람들에게 거절을 하면서 자신을 둘러싼 사람들이 용납이라고는 찾아볼 수 없는 무자비한 사람들이 아니라 자신을 이해해줄 수 있는 인간미를 가진 사람들임을 알게 되었다.

그녀는 사람들에게 자신의 상태를 솔직하게 말하고 거절을 함으로써 오히려 사람들과 원만한 인간관계를 맺을 수 있게 되었고, 오랫동안 자신을 짓누르던 불안을 조금씩 떨쳐내게 되었다.

불안이라는 감정의 역할

──────── 많은 사람이 불안을 부정적인 감정으로 생각하는 경향이 있다. 그러나 불안은 우리 누구나 겪게 되는 감정이고, 마치 내가 어렸을 때 경험했던 쌀자루에서 튀어나온 게처럼 예측할 수 없지만 해로운 존재는 아니다.

내가 초등학교 때의 일이다. 수업을 마치고 집에 오니 베란다에 커다란 쌀자루 두 개가 놓여 있었다. 매끈하고 펑퍼짐한 보통의 쌀자루와는 달리 표면이 울퉁불퉁한 모습이었다. 엄마에게 그것이 무엇이냐고 여쭈어보니 나중에 간장게장을 담으려고 사다놓은 거라고 하셨다.

하지만 엄마가 사다놓은 꽃게는 죽어 있는 것이 아니라 살아 있는 꽃게였기에 게들은 쌀자루 안에서 꼼지락거리고 있었다. 난 신기하기도 하고 무섭기도 해서 한참을 쌀자루 주위를 기웃거렸다.

다음 날 아침, 나는 일어나자마자 살아 있는 꽃게가 궁금해서 베란다에 나가서 쌀자루부터 들여다보았다. 그런데 쌀자루에 구멍이 나 있고 쌀자루에 가득 들어 있던 게들이 모두 어디론가 사라지고 한 마리도 남아 있지 않았다. 찢어진 구멍을 보는 순간 나는 심장이 뛰고 식은땀이 났다.

그 후 며칠 동안 우리 가족들은 실종된 게들을 찾느라 집 안을 샅샅이 뒤져야 했다. 큰 화분 뒤에 한 마리, 모아둔 신문지 뒤에 두

마리, 화장실 욕조에 한 마리 등 여기저기 꼭꼭 숨은 게들을 하나둘 찾아냈다. 하지만 열댓 마리의 행적은 찾을 수가 없었다. 그 뒤 며칠간 나는 머리부터 발끝까지 이불을 푹 뒤집어쓴 채 잠자리에 누웠다. 곤히 자고 있는 내 코끝을 게가 나타나 집게발로 꽉 물어버릴 것 같은 불안감으로 나는 깊이 잠들 수가 없었고 작은 소리만 나도 잠을 깨기가 일쑤였다. 그것은 우리 식구들도 마찬가지였다.

그 뒤 며칠 동안 가족이 모여 거실에서 저녁을 먹고 있으면 어딘가에서 쓱싹쓱싹 괴상한 소리가 났다. 실종된 게가 움직이고 있는 것이다. 하지만 우리 가족은 더 이상 놀라지 않고 불안해하지도 않았다. 잠시 게에게 쏠렸던 시선을 텔레비전으로 옮기며 태연히 저녁 식사를 했다. 게가 어디로 가든지 우리는 더 이상 상관하지 않았다. 이미 그런 상황에 익숙해진 것이다.

당시 나는 살아 있는 게들이 쌀자루를 뛰쳐나와 우리 집 구석구석을 돌아다녔을 때 도망친 게들을 모조리 싹 잡고 싶어 노심초사했다. 그러나 살아 있는 게들은 여기저기 숨어 있다가 전혀 예상치 못할 때 튀어나와 나를 놀라게 했다. 하지만 그것이 계속 반복되다 보니 결국은 게에게 항복할 수밖에 없었다. 게가 돌아다녀봤자 내 코를 깨무는 일은 없을 것이라고 수없이 되뇌었고, 시간이 걸렸지만 살아 있는 게들은 하나둘 사라져 결국 간장 게장이 되었다.

'불안'도 마찬가지다. 우리가 아무리 쌀자루에 꽁꽁 싸매어두어도 그것은 어느새 빈틈으로 비집고 튀어나와버린다. 그러나 불안은 해로운 감정이 아니다. 즉, 불안이라는 것은 우리 인간이 친숙하지 않은 환경에 적응하기 위해 나타나는 가장 기본적인 반응이라 할 수 있다. 불안은 일상에서 겪게 되는 위험에 대한 경고 신호로, 우리가 그 위험에 대해 인식하고 대처할 수 있도록 신호를 보내주는 것이다.

따라서 불안을 무조건 없애기보다는 불안을 똑바로 마주하고, 불안이 자연스럽게 흘러갈 수 있도록 하는 것이 불안과 함께 공존하며 살아가는 방법이다.

내 자신으로 산다는 것의 의미

가족의 생계를 책임져야 하는 무게감으로
공황장애를 앓는 직장 여성

──── "선생님, 불안감에 하루하루 너무 미칠 것 같아요. 저 아무래도 공황장애 같아요."

한번은 광고회사에 다니는 직장 여성이 찾아와 공황장애 증상을 호소했다.

최근 들어서 공황장애라는 병은 정신과 질환 중에서 가장 잘 알려진 병 중의 하나가 되었다. 많은 연예인이 언론을 통해 공황장애를 앓고 있다고 고백하면서 대중이 공황장애에 대해 많이 인지를 하게 되었기 때문이다.

그녀는 자신의 증상을 이렇게 설명했다.

"지하철로 매일 출근을 하는데요, 최근 들어서 지하철을 탈 때마다 갑자기 심장이 빨리 뛰면서 숨이 막혀요. 숨이 안 쉬어져서 꼭 죽을 것만 같다는 느낌이 들어요. 그래서 중간 정류장에서 내려서 숨을 몰아서 쉬면 더 숨이 막히고 그래요."

그녀의 이야기를 들어보니 공황장애가 맞았다. 특별한 이유 없이 갑자기 심장이 빨리 뛰고, 땀이 나고, 숨이 막혀 질식할 것 같은 느낌이 들면서 메스꺼움, 어지러움과 같은 여러 증상이 동시에 나타나고, 그러다 미쳐버리거나 죽을 듯한 두려움에 압도되는 증상이 나타나는 것을 말한다. 이를 '공황발작(panic attack)'이라고 한다. 만약 이런 공황발작이 한 달에 수시로 여러 번 그리고 지속적으로 나타나면 공황장애라고 진단한다.

공황장애의 치료는 우선 약물치료를 한다. 항우울제와 항불안제로 조절하면 증상이 70% 이상 바로 좋아질 수 있다. 공황장애에 대한 치료는 약물치료 이외에도 인지행동치료, 정신분석치료가 있으며 이를 약물치료와 병행할 때 치료 효과가 더 높다는 보고가 있다.

정신분석적 관점에서 보자면 공황장애는 개인의 욕구와 환상이 억압될 때 나타나는 불안이 통제되지 않는 병이다.

그녀의 어린 시절을 들어보니 그녀는 '장녀(장남) 콤플렉스'를 갖고 있었다. 그녀는 장녀 콤플렉스로 인해 어려운 가정 형편을 자신이 책임져야 한다는 강박관념이 강했다. 어린 시절 거듭되는 아버지의 사업 실패는 경제적 어려움을 가져왔고, 듬직하고 언제나 힘이 됐던 아버지는 어느 순간부터 항상 가족들에게 자신의 불안에 대해 토로하는 나약한 존재가 되었다.

초등학생의 어린 나이임에도 그녀는 아버지의 불안을 항상 공유하면서, 빨리 어른이 되어서 아버지를 편안하게 해드려야 한다는 의무감을 갖게 되었다. 전업주부였던 엄마는 남편에게 꺾인 기대를 큰딸에게 쏟아부었다. 없는 형편에도 큰딸의 배움에는 전혀 돈을 아끼지 않았던 엄마는 그녀가 부족함을 느끼지 않도록 온갖 지원을 해주었다.

하지만 사실 그 지원들은 그녀가 원하는 것이 아니었다. 엄마가 기대하는 딸의 모습을 만족시키기 위한 엄마의 도구에 불과했다.

그렇지만 그녀는 엄마에게 힘들다는 말을 전혀 할 수 없었다. 자신을 향한 엄마의 기대를 너무나 잘 알고 있었기 때문이다.

그녀는 대학을 졸업하자마자 유명 광고회사에 입사해 열심히 직장생활을 했다. 단 한 번도 지각이나 결근을 한 적이 없고, 월급은 일체 부모님께 드리고 자신은 용돈을 받아서 생활했다. 별을 보고 출근해서 별을 보고 퇴근하는 생활이 지속됐다. 나와의 상담시간이 언제나 주말이었음에도 그녀는 상담 후에 다시 회사에 가서 일을 해야 하는 처지로 상담시간에는 수시로 손목시계를 확인했다.

그녀의 빡빡한 일정을 듣다보니 나도 모르게 한숨이 나왔다.

"어휴~ 당신의 이야기만 들었을 뿐인데 저도 지금 답답해서 숨이 안 쉬어지려고 하는데요?"

"그래요? 그런데 다들 이렇게 살고 있지 않나요?"

나는 순간 그녀의 '다들'이라는 표현에 주목했다.

"다들이요?"

"그렇지 않나요? 다들 당연하게 그렇게 생활하잖아요."

그녀가 '다들'이라고 표현한 의미는 모든 사람으로 이해할 수 있다. 하지만 모든 사람이 하는 것이 식욕, 수면욕, 성욕과 같은 인간의 본능을 이야기하는 것이라면 이의를 제기하지 않겠지만, 우리가 일상적인 대화에서 사용하는 '다들'은 그런 의미가 아니다. 즉, '집단의식'을 이야기한다.

집단의식의 예를 들자면 이런 말을 흔히 들어봤을 것이다.

"대학 졸업하면 취업해야지." "결혼하면 아이를 낳아야지." "돈을 벌면 저축해야지." "남자답게 씩씩해야지." "여자는 외모가 중요하니 외모관리를 해야지."

이러한 집단의식은 알게 모르게 우리의 삶을 통제하고 지배한다. 한 가지 주목할 점은 우울증이나 불안장애와 같은 신경증을 앓는 사람들 대부분이 이런 집단의식에 휘둘리고 억압당하는 경우가 많다는 것이다. 이런 억압과 개인의 욕구가 충돌할 때 감당할 수 없는 스트레스가 되면 표면적인 증상으로 나타나게 된다.

1년간의 상담 후에 장녀 콤플렉스를 가지고 있었던 그녀는 부모로부터 독립해서 자신만의 공간을 갖게 되었다. 처음에 부모님께 독립한다고 말했을 때 강한 반대에 부닥칠 거라 생각했지만, 부모님은 그간의 딸의 수고를 알아주시고 그녀의 선택을 존중해주셨다.

그녀는 부모님이 자신의 선택을 이기적이라고 여길 것으로 짐작했지만, 예상과는 다르게 "너도 너의 인생을 살아야지. 우리 걱정은 하지 말아라"라는 부모님의 대답을 듣고 자신에 대한 부모님의 이해와 존중을 확인하는 기회가 되었다. 이로써 그녀의 죄책감은 안도감과 평안함으로 바뀌었다.

아무것도 하지 않고 쉬는 것은 곧 도태되는 것이라 생각해 휴일에도 쉴 새 없이 일했던 그녀는 휴일에 자신만의 공간에서 독서를 하거나, 요가를 하면서 하루를 보낸다. 그리고 눈에 보이는 무언가를 반드시 하지 않아도 된다고 생각을 바꾼 뒤로 오히려 보이지 않는 내면의 뿌리가 점점 더 깊어지고 단단해짐을 느끼게 되었다고 말했다.

나를 잊고 사는 것은 아닌지 조용히
내 목소리에 귀 기울이는 시간을 가져보자

——— 신경증을 앓는 환자들뿐 아니라 우리 중 많은 사람이 '반드시'라는 엄격한 잣대를 자신에게 들이대면서 스스로의 가치를 낮추는 삶을 살아가고 있다. 이것은 자신에게 큰 스트레스를 주

며 옥죄는 결과를 가져온다.

'부지런해야 성공한다'는 집단의식에 얽매이는 사람이 있었다. 그는 매일 아침 오늘 해야 할 일의 목록을 적어 놓고 하루 종일 자신이 짜놓은 일과표에 맞춰서 살고 있는지를 점검했다. 그리고 그 것을 완수하면 성공적인 삶에 다가가는 기분이 들고, 그렇지 못한 목록이 많아지면 실패하는 삶을 살고 있다고 생각해 죄책감을 느꼈다.

또 다른 예로 '날씬해야 사랑받는다'란 집단의식을 중요시하는 사람이 있었다. 그녀는 자신의 통통한 체형이 여자 아이돌처럼 가냘픈 몸매가 되어야 한다는 생각으로 매일 몸무게를 체크해 표를 작성하고, 더 날씬해지고 그럴듯한 외모를 가지기 위해 성형외과와 다이어트 관련 시설을 수시로 찾았다.

하지만 이런 기준들에 대해 한 번쯤 생각해볼 필요가 있다. 그것이 정말 자기 자신이 원하는 기준인가? 아니면 남들에게 보이기 위한 기준인가?

우리가 자신다운 삶을 살기 위해서는 진정한 개성화(individuation) 과정이 필요하다.

카를 융은 개성화의 개념에 대해 먼저 있는 그대로의 자기 자신, 그 사람의 있는 그대로의 성품, 본성, 그 사람의 전체를 찾아가는 것이라고 설명했다. 즉, 개성화란 자기실현과 같은 의미로 그 사람의 본연의 모습을 찾아가는 과정으로서 무의식 속에 담겨 있는 자신의 숨겨진 욕구를 의식적으로 받아들여 현실의 삶 속에서 행동으로 나타내고 실현하는 것을 말한다.

그러기 위해서는 자신의 목소리, 즉 자신의 욕구를 듣는 연습을 해야 한다. 다시 말해, 위에서 설명한 집단의식에 눌려 억압되어 있는 내면의 자신의 모습을 살려야 한다. 하지만 내면의 자기 목소리를 듣는 것이 말처럼 쉽지는 않다. 여러 가지 상업주의 문화, 매스컴을 통한 집단 암시 등에 우리는 너무나 익숙해져 있기 때문에 많은 노력이 필요하다. 그러나 이것은 삶에서 누구나 거쳐야 하는 과정이기도 하다.

다음 페이지에서 자신의 내면에 귀를 기울이며 생각하는 시간을 가져보자.

나의 내면에 귀를 기울이는 시간

1   당신에게는 어떤 기준들이 당신의 삶을 지배하고 있는지 밑에 적어
    보세요.
    (참고) 당신의 삶에서 당신을 지배하고 있는 기준들을 적기 위해서
    하루 중에 당신이 상당 부분의 시간을 투자하거나, 시간은 짧더라
    도 빈번하게 떠오르고 확인하는 것들이 무엇인지 생각해보세요.
    시간을 많이 투자하는 것:
    자주 떠오르고 확인하는 것:

2   기준들을 적었다면 그것이 당신 스스로가 원하는 기준들인지 혹은
    가족이나, 친구, 유행의 영향을 받아 세운 기준들인지 검토해보세요.
    내 스스로 원하는 기준이다. YES → NO →
    타인이나 외부가 원하는 기준이다. YES → NO →

3   1. 당신 스스로가 원하는 기준이라면, 구체적으로 실행하기 위해서
    하기 쉬운 것부터 어려운 것까지 다섯 가지를 적어보세요. 그리고
    그 다섯 가지를 매일 수행하기 위해 노력해보세요.
    ①
    ②
    ③
    ④
    ⑤

3   2. 당신이 원하는 기준이 아니라면 반드시 해야 하는 일인지 혹은 미뤄도 상관없는 일인지 먼저 생각해보세요.

❶ 만약 당신이 원하는 기준은 아니지만 그것이 타인이나 외부가 원하는 기준들로 반드시 해야 하는 것이라면 그 이유를 적어보고 우선 자기 자신을 설득시키세요. 자신이 설득되지 않는다면 이것은 당신의 개성을 무시하고 없애버리는 기준입니다.
해야 하는 이유:

❷ 만약 당신이 원하는 기준은 아니지만 타인이 원하는 기준으로 미뤄도 상관없는 일이면 즉시 그만두는 것이 좋습니다.

삶의 무게를 원하지 않는 사람들

정신은 5살 꼬마로서 보호받기를 원하는
몸만 자란 60대 여성

─────── 자신의 욕망을 억누르고 어른들의 말씀에 순종하라는 가르침을 주는 안데르센의 《빨간구두》라는 동화가 있다.

주인공인 어린 소녀 카렌은 어머니가 죽은 후 인정 많은 할머니의 양녀가 되어 보살핌을 받는다. 카렌은 자신의 세례식에 신을 구두로 빨간구두를 선택한다. 이것은 사회적으로 금기였기 때문에 카렌은 할머니를 속인다. 카렌은 엄숙한 세례식장에서 빨간구두를 신음으로써 주변 사람들로부터 따가운 눈총을 받는다. 위중한 할머니의 간병을 해야 함에도 카렌은 빨간구두를 신고 무도회장을 간다.

거기서 빨간구두는 갑자기 카렌의 의지와 상관없이 저절로 춤을 추기 시작한다. 카렌은 며칠 밤낮 동안 춤을 멈출 수 없었고 결국 사형집행인을 찾아가 빨간구두를 신은 자신의 발목을 자르게 한다. 카렌은 평생 불구가 되어 자신의 죄를 뉘우치며 살아간다.

그렇다면 공포스럽고 잔혹하기까지 한 이 동화가 우리에게 말하고자 하는 것은 무엇일까? 그것은 바로 '어른들이 하지 말라는 것은 해서 안 된다!'는 것이다.

그러나 이 동화에 대한 오해를 풀기 위해서 빨간구두에 얽힌 배경과 상징성에 대한 이해가 필요하다. 안데르센이 《빨간구두》를 창작했던 당시 19세기의 덴마크는 가톨릭의 종교 타락에 대한 반발로 일어난 루터파의 종교개혁의 영향이 지배적인 시기였다. 루터의 종교개혁은 교회의 면죄부 판매와 같은 중세교회의 타락과 성직자들의 부정부패를 비난하면서 일어난 운동이다. 형식적인 권위보다는 개인의 도덕적 회개에 의해 구원을 받을 수 있다는 종교개혁의 기본 원리는 종교적인 이상과 멀어지게 만드는 춤이나 술, 돈을 비롯한 물질적인 것을 추구하는 행동은 철저히 금지했다. 그래서 빨간구두를 신고자 하는 것은 자신의 욕구를 드러내는 죄를 짓는 행동이며, 당시 사람들로부터 비난받아 마땅한 행동이었다.

그리고 유럽의 중세기는 빨간색 염료가 매우 비쌌기 때문에 귀족들, 교황만이 누릴 수 있는 특권이었다. 그래서 당시의 사회적 배경에서 빨간구두는 돈과 권력의 상징이라 할 수 있다.

《빨간구두》가 읽히기 시작하는 나이가 5세라는 사실에 주목할 필요가 있다. 발달학적으로 보면 5~6세경은 신체적, 감정적 발달이 매우 왕성한 시기다. 이때는 대ㆍ소근육의 발달과 운동기관의 협응을 배우는 시기로 대소변 가리기, 옷 스스로 입기, 계단 오르기 등 자신의 신체 통제능력을 배우기 시작하고, 동시에 짜증, 분노, 슬픔과 같은 감정의 통제를 배우는 시기이기도 하다.

이때는 또한 자의식이 발달하는 시기로 자신의 욕구를 실행하는 것과 욕구를 지연하거나 포기하는 것을 배우기 시작하는데 바로 부모의 훈육을 통해서 이뤄진다. 부모의 훈육과 통제는 아이의 마음속에 내재화되어 양심 또는 초자아를 형성하게 된다. 이때 부모의 훈육과 통제가 지나치면 아이는 지나치게 순종하거나 눈치를 보는 아이로 성장할 수 있으며, 부모의 훈육 없이 방임된 아이는 자신의 욕구 충족에만 몰두해 이기적이거나 충동이 조절되지 않는 아이로 성장할 수도 있다.

이렇듯 양심과 초자아가 형성되는 시기에 《빨간구두》와 같은 잔혹동화를 접하게 되면 아동의 의식은 어떻게 될까? 그 나이는 직관적이고 논리가 부족하기 때문에 동화의 의미를 지나치게 받아들이거나 왜곡해서 해석할 수 있다. 무조건 어른들의 말에 순종해야 한다거나, 아니면 빨간구두는 나쁘다는 식의 사고가 내면 깊숙한 곳에 자리잡게 된다면, 앞서 말했듯 가학적인 초자아의 형성으로 인해 소아는 지나치게 순종적이고 눈치 보는 아이로 성장할 수 있다.

그리고 어른이 되어서 논리적인 판단과 이성적인 사고를 해야 하는 상황에서 가학적인 초자아의 목소리가 은밀하게 자신을 괴롭히며 엉뚱한 판단을 내리게 하고 지나치게 감정에 휩싸이게 해서 마치 5살 꼬마아이로 퇴행된 모습을 보이기도 한다.

한번은 60대 여성이 죽음에 대한 두려움으로 병원을 찾아왔다.

그녀는 몇 달 전 직장동료가 갑자기 심장마비로 죽은 이후로 하루에도 수십 번 '나도 갑자기 죽으면 어떡하나'란 생각을 떨칠 수가 없고 불안감이 조절되지 않는다고 했다. 그리고 특이한 점이 있었다. 보통 정신과 상담은 혼자 해야 하는 것이 원칙인데, 그녀는 남편과 같이 상담하고 싶어 했다. 그 이유는 스스로를 믿지 못해서 상담시간에 자신의 이야기를 충분히 전달하지 못할까봐 남편의 도움 없이는 상담이 제대로 되지 않을 거라 생각했기 때문이다.

"저는 어릴 때부터 좀 약했어요. 남들보다 겁도 많았구요. 그래서 혼자서 할 줄 아는 게 별로 없습니다. 운이 좋게도 공무원 시험에 합격했고, 일은 시키는 대로 하면 되니까 견딜 만했어요."

그녀는 자신의 아버지, 어머니 두 분 모두가 유별나신 분들이라고 말했다. 그녀의 부모님은 걱정이나 염려가 너무 많아서 비가 오는 날은 딸을 집 밖에 나서지도 못하게 했다. 이렇듯 그녀에게는 별 것 아닌 일들이 금지되는 경우가 많았다. 부모님은 그녀가 원하는 것들을 말할 때마다 이래서 안 되고 저래서 안 된다고 금지했다. 그래서 그녀는 자연스럽게 부모님의 통제 아래 있는 삶이 더 편안하다고 생각했다.

하지만 사춘기 시절부터 그녀에게는 강박증이 생겼다. 그녀는 스스로를 통제된 삶 속으로 밀어넣었다. 집을 나설 때는 언제나 현관문이 제대로 잠겼는지 확인하고, 방금 전에 확인했음에도 되돌아가서 다시 현관문을 확인했다. 또 학교 숙제를 분명히 했음에도 수차례 과제를 다시 확인했다. 그녀의 확인증은 회사를 들어가서도 지속되었다. 그녀는 남들은 20분 안에 완성할 수 있는 문서를 한 시간이 넘게 작성했다. 문장에 오타가 없는지, 문서형식이 흐트러지지 않았는지 확인하고 또 확인했기 때문이다. 그녀의 성실함과 정확성은 일의 완성도를 높여서 승진을 하는 데 도움을 주기는 했지만, 그만큼 그녀는 보이지 않는 곳에서 남들보다 몇 배의 노력을 해야만 했다.

나는 그녀에게 이렇게 질문을 던져보았다. "남들처럼 20분 안에 문서를 작성하고 제출하시면 되지 않나요?"

그러자 그녀는 매우 답답하다는 듯이 말했다. "선생님, 실수라는 것은 하면 안 되잖아요."

나는 다시 이렇게 반문해보았다. "실수 좀 하면 어때서요?"

그녀는 "말도 안 되는 소리입니다. 실수라는 것은 멍청이들이나 하는 짓이에요"라고 말했다.

이처럼 자신에게 엄격한 그녀는 매일 매순간 실수하지 않기 위해 단 한순간도 방심할 수가 없었던 것이다. 그리고 완벽한 준비를 위해 아무리 고되고 힘들더라도 자신의 삶 전체가 자기 통제 아래에서 지배되어야 안심할 수가 있었다. 그런데 그녀에게 갑자기 죽음이라는 예측할 수 없는 불안이 엄습하게 된 것이다.

아무런 징조 없이 다가온 동료의 죽음은 통제된 삶을 살아온 그녀에게 잊고 있었던 엄청난 사실을 알려주었다. '그 누구도 죽음을 미리 예측할 수 없다'는 사실이었다. 그녀는 그 후로 자신의 몸에 이상이 있는지 확인하기 위해 병원에서 종합검사를 받았다. 검사 결과 몸에 아무런 이상이 발견되지 않았음에도 그녀는 어딘가 숨어 있는 질병이 있을 것이라는 의심을 떨칠 수가 없었고, 내과병원을 전전하다가 정신과 치료를 권고받고 나를 방문하게 된 것이다.

죽음을 몹시 두려워했던 그녀는 지나친 자기 비하가 내면에 자리 잡고 있었다. 그녀는 혼자서 아무것도 할 줄 모르기에 '시키는 거라도 잘하자'라는 나름의 삶의 원칙이 있었다. 그리고 그녀는 실망하거나 화가 나더라도 자신의 감정을 한 번도 상대방에게 전달한 적이 없었다. 왜냐하면 상대방을 언짢게 만드는 일은 자신을 더 괴롭게 하는 일임에 틀림없기 때문이다. 결국 지나친 눈치 보기와 감정의 억압은 나이는 60대가 되었지만, 여전히 세상은 무섭고 두려워해야 할 곳이고 자신은 아무것도 할 수 없다고 믿는 5살 꼬마로 남아 있게 했다.

강박증이나 우울증, 의존성 인격장애 등과 같은 질환의 환자들에게서 공통적으로 나타나는 증상이 있는데 결정을 잘 내리지 못하는 '결정장애'다.

　강박증에서 나타나는 특징은 혹시 내가 잘못한 것이 있지는 않은지, 혹시 내가 놓친 것으로 말미암아 큰일이 벌어지면 어떡하지와 같은 걱정을 끊임없이 하기 때문에 자신이 안심이 될 때까지 강박행동을 하거나 결정을 미룬다. 특히 강박증에서 나타나는 결정의 곤란은 어쩌면 기회비용을 최소화하고 싶은 환자의 욕구로 볼 수 있다. 다시 말해, 자신에게 주어진 여러 가지 선택 중에서 가장 나은 선택을 하고 싶지만, 최선이 아닌 선택을 할 수도 있다는 불안으로 인해 끝이 보이지 않는 불확실한 가정들을 연속으로 생각하는 것이 결정장애로 나타나는 것이다.

　우울증에서 나타나는 특징은 미래에 벌어질 수 있는 실패나 불안, 대인관계에서의 거절감, 타인에 대한 피해의식과 같은 생각 때문에 무슨 일이든 쉽게 결정을 하지 못하고 우유부단할 때가 많다. 개인의 능력이나 가치에 대해 부정적으로 생각하기 때문에 자존감은 떨어지고, 사소한 잘못도 스스로 용납하지 못하고 그런 생각을 하루 종일 되새긴다. 작은 실패도 자신의 결함 때문이라고 자책하거나 과도한 책임감을 느끼기 때문에 차라리 아무것도 하지 않는 편이 낫다고 생각하면서 무기력과 의욕 상실이 동반되기도 한다.

　의존성 인격장애에서의 특징은 타인으로부터 돌봄을 받는 것에 대한 과도한 욕구다. 이는 일반적으로 복종적이고 타인으로부터 지시를 받으려 하고, 지속적으로 재확인하는 행동으로 나타난다. 이런 사람은 타인의 확신과 충고가 없이는 어떠한 결정도 내리지 못한다. 그래서 책임을 맡는 위치를 회피하며, 책임을 혹시라도 맡게 되면 몹시 불안해한다. 즉, 의존하는 것을 편안하게 생각한다.

최적의 좌절을 경험해야 삶의 무게를 견뎌낼 수 있다

──────── 최근 몇 년 동안 다음과 같이 말하는 부류의 10대, 20대들을 많이 만난다. "그냥 공부가 하기 싫을 뿐이에요."

이들은 대부분 자발적으로 병원에 오는 법이 없고 답답한 부모가 진료예약을 일방적으로 잡고서 그들을 데리고 온다. 그러다 보니 대부분 불만에 가득 차고 시큰둥한 표정으로 나와 대화를 시작한다.

나는 혹시라도 그들이 우울증으로 인한 무의욕, 무기력으로 인해 공부에 흥미를 잃었는지 진단하기 위해 우울증의 진단 기준들을 들이대며 그들을 꼼꼼하게 살펴본다. 그러나 그들은 대부분 우울증의 특징을 전혀 가지고 있지 않다. 그들은 공부를 포기한 것 외에는 매일 친구들을 만나고, 잠도 잘 자고, 식사도 잘 하며, 죽고 싶다는 생각은 해본 적이 없고, 일상을 최대한 즐긴다.

그들은 공부만 하지 않을 뿐이지 매일 운동을 하면서 (우울증 환자들은 운동할 에너지조차 없어 집에서 거의 누워 있는다) 자신의 달라진 몸매에 성취감을 느끼기도 하고, 게임을 열심히 해서 최근에 만랩(게임용어로 최대치의 레벨에 도달했음을 의미한다)에 도달했다며 나에게 자랑을 하기도 한다. 동물 중에 우두머리를 집단으로 따라가다가 결국 절벽에서 떨어져 다같이 죽는 '레밍'이 있는데, 심리학용어로 자신의 판단 없이 집단이나 리더를 따라하는 인간의 행동양상을 '레밍 신드롬(Lemming syndrome)'이라고 한다. 위에서 말한 10대~20대 내담자들은 자신이 마치 레밍처럼 한국 대학입시제도 속에 들어가는 것을 아주 미련한 일인 것처럼 말하면서도 나이가 20대에 들어서서 부모의 원조 속에서 사는 생활방식은 전혀 불편해하지 않는다. 해외 유명 명문대를 다니는 학생들 중에서도 졸업을 하면 또 대기업에 들어가 죽어라 일해야 하는 건 마찬가지인데 왜 굳이 끝나지 않는 공부를 계속해야 하냐고 오히려 나에게 되묻는 학생이 많다.

'피터팬 증후군(Peter pan syndrome)' 혹은 '피터팬 신드롬'이라는 말이 있다. 성년이 되어서도 어른들의 사회에 적응할 수 없는 '어른 아이'와 같은 성인이 나타내는 심리적 증후군을 말한다. 마치 동화 속의 피터팬이 네버랜드에서 영원한 아이로 살면서 자신이 원하는 것은 무엇이든지 다 할 수 있듯이, 피터팬 증후군에 빠진 사람들은 현실을 도피하고 부정하는 모습을 보이고 어린아이와 같이 퇴행된 채로 영원히 살아갈 수 있다고 믿는다.

미국의 임상심리학자 댄 카일리가 1983년 자신의 저서 《피터팬 증후군》에서 처음으로 이 용어를 사용했고, 그 후 대중에게 공감을 얻어 널리 퍼지게 된 용어다. 이 용어가 나온 당시 미국의 배경은 1970년대 후반 오래된 경기 침체와 여권신장으로 인해서 남성들의 사회적, 경제적 힘이 약해지게 되면서 남성들은 부모에게 의존적인 모습을 보이기 시작했다. 우리나라도 오랜 경기침체로 인해 청년들이 취업이 되지 않자 윗세대는 당연한 삶의 과정으로 여기던 연애, 결혼, 육아를 포기하며 스스로를 자조 섞인 말로 '삼포세대'라고 표현하고 있다.

이것은 결국 더 이상 어른이 되기를 포기하는 것이기도 하다. 아무리 공부를 열심히 해도, 명문대를 나와도, 유학을 갔다 와도 고생에 대한 특혜는 별로 없고 취업이 어려운 것은 마찬가지니 그럴 바에야 공부를 무엇 때문에 하나라는 생각으로 이어지고, 굳이 열심히 살아봐야 소용없다는 생각에 큰 목표 없이 살아가는 것이다.

하지만 그들의 심리를 깊이 들여다보면 공통되는 것이 있는데 바로 부모들과의 지나친 유착과 낮은 자존감이다.

그들의 부모를 만나보면 예외 없이 자녀들의 인생에 개입을 심하게 하고 있다. 일단 정신과 의사인 나를 찾아오는 것도 부모가 일방적으로 결정하고 자녀는 부모의 결정을 거역할 수 없어서 따라온다.

정신분석이론 중에 정신분석가 하인즈 코헛이 주장한 '자기심리학(Self psychology)'이라는 이론이 있다.《쉽게 쓴 자기심리학》에서는 "코헛은 인간심리의 기본 동기가 건강하고 행복한 자기로 발달하려는 욕구가 있다고 보았다"라고 말한다. 코헛은 아기가 신체적으로 생존하기 위해 적절한 용량의 산소를 필요로 하듯이 정신적으로 생존하기 위해서는 공감적이고 반응적인 환경이 필요하다고 말하며 그 대상이 부모(특히 엄마)라고 지적했다. 결국 부모가 아이의 욕구를 얼마나 공감적으로 반응해주는가에 따라 아이가 건강하게 잘 성장할 수 있다. 하지만 부모의 과한 기대는 아이의 욕구를 무시하거나 좌절시킬 수 있어 아이가 위축된 자기 이미지를 가질 수 있고, 반면에 부모의 과한 허용(아이의 과한 욕구 충족)은 아이가 좌절에 대한 면역력이 없어져 세상을 자기중심적으로 보고 자아 도취감에 빠져 살 수가 있다. 그래서 성숙한 나로 성장하기 위해서는 부모로부터 '최적의 좌절(optimal frustration)'이 필요하다.

최적의 좌절이란 좌절이긴 하지만 상처로 남는 것이 아니고, 아이가 감당할 수 있는 좌절을 말한다. 그래서 아이들은 자신의 욕구를 자발적으로 표현할 수 있긴 하지만 그것이 곧바로 거절되거나 충족되는 것이 아니라 상황에 따라 이뤄지기도 하고 포기도 해야 한다는 것을 배우는 것이다.

일거수일투족을 감시하고 통제하는 부모 밑에서 성장한 아이는 어떨까? 자신의 욕구는 대부분 좌절되었을 것이고 그것은 상처로 남게 되었을 것이다. 그래서 어른이 되어서도 자신의 독립성과 자율성은 상실한 채 여전히 아이 상태로 남아 있으면서 자신의 실패를 부모 탓으로 돌리고, 방어적인 태도로 현실은 부정하고 자신의 공상 속에서 전능감을 경험하면서 살아가는 것이다. 마치 피터팬이 네버랜드에서 전능감을 가지고 살아가는 것처럼 말이다. 하지만 현실에 적응하지 못하는 문제에 직면하면, 그들의 환상은 깨지고, 현실에서의 자신의 낮은 자아상을 마주해야 하기 때문에 우울감에 빠진다.

나는 정신과에 내원하는 '어른 아이들'에게 반드시 다음과 같은 질문을 던진다. "어른이 된다는 것은 무엇일까요?"

그러면 '정신적으로, 경제적으로 독립하는 것' '책임지는 것' '스스로 결정하는 것' 등등의 대답이 나온다. 모두 맞는 말이다. 그러나 나는 어른이 된다는 것은 '인생이 고(苦)라는 것을 받아들이는 것'이라고 생각한다. 우리는 성장과정에서 행복한 삶이 인생의 최고 목표인 것처럼 가족들로부터, 사회로부터 세뇌를 당한다. 그리고 행복해지기 위해 행복하게 해주는 것들을 최고의 목표로 삼아 열심히 달려간다. 높은 성적, 높은 수입, 많은 재산, 빛나는 명예, 화려한 미적 기준 등등….

하지만 대부분 행복의 기준을 달성해서 기쁘다가도 어느샌가 나보다 더 높은 수준의 행복을 가진 사람들을 마주치고, 잠시 기뻐하던 마음이 어느새 절망으로 바뀌는 것을 경험해보았을 것이다. 나는 어른이 된다는 것은 자신의 한계를 받아들이고 인생의 한계를 받아들이면서 기쁘기만 한 삶은 거짓이고, 고통이나 고난에 대해 정직하게 마주하고 슬픔을 통과한 후에 또 다른 차원의 깊어진 기뻠이 찾아온다는 것을 경험을 통해 깨닫게 되는 과정이라고 말하고 싶다.

자신의 나약함을 마주하는 것이 수치스러운 것이 아니라 오히려 인간적인 것이며 그것을 진지하게 받아들이고 성찰하면서 살아가는 것이 자연스러운 인생이라고 이야기하고 싶다. 어쩌면 피터팬 증후군에 빠진 사람들은 자신의 나약함을 부정한 채 자연스럽게 나아가야 할 인생에서 그 한가운데에 멈춰 있는 것인지 모른다.

최적의 좌절은 우리를 건강하게 어른이 되도록 이끌어주는 존재라 할 수 있다. 그것을 주는 대상이 내 삶에 있는지 생각해보자. 그런 대상이 한 명이라도 있다면 당신의 삶은 멈춤이 아니라 좌절을 겪으며 새롭게 성장하며 끊임없이 나아가게 될 것이다.

제6장

집착

정신분석의 대가인 카를 융도 개인의 자아성찰, 개성화 과정에서 가장 어려운
작업이자 중요한 것이 사람들과 거리를 두는 것이라고 말했다. 부모, 딸, 아들,
남편, 아내, 이웃, 선생님 등 다양한 관계 속에서 수많은 시행착오를 통해 관계
속의 최적의 거리를 찾아가는 작업이 개성화 과정에서 가장 중요하다.

건강한 관계를 위한 최적의 거리

애인 없이는 견디지 못하는 20대 여성

——————— 새벽까지 남자친구와 격렬하게 싸운 뒤 결국 자해를 해서 정신과에 오게 된 20대 중반 여성이 이렇게 말했다. "남자친구에게 너무 집착하는 내 모습이 싫어요."

싸움의 발단은 아주 사소한 데서 비롯되었다. 그녀는 자신이 보낸 문자에 남자친구의 답장이 조금이라도 늦으면 남자친구를 의심했다. 이전의 남자친구가 바람을 피워 헤어졌기에 그 이후로 남자를 사귈 때마다 그녀의 의심병은 점점 더 심해졌다. '분명 다른 여자와 같이 있느라 전화를 못 받는 거야.' 의심은 확신으로 바뀌고 그녀는 남자친구에게 바로 전화를 건다. 그리고 다짜고짜 "어디야!"라고 다그친다. 그녀는 분노의 감정을 통제하지 못하고 점점 더 흥분하고 결국 지친 남자친구는 헤어지자고 말한다.

그런데 그녀가 세상에서 제일 무서워하는 말이 "헤어지자!"였다.

그녀는 누군가와 헤어질 때마다 거의 죽음과 같은 고통을 경험했다. 하반신이 마비가 된 듯 감각이 사라지고 다리에 힘이 빠져 걸을 수조차 없게 된다. 그토록 미워했던 남자친구를 더 이상 볼 수 없다는 생각을 하면 마치 대기가 없는 우주에 버려진 듯한 느낌에 빠져들며 숨을 쉴 수가 없었다.

그래서 그녀는 금세 태도를 바꾸어 자신이 전부 잘못했으니 한 번만 용서해 달라며 남자친구에게 매달렸다. 운 좋게 남자친구의 마음이 변하여 다시 시작하게 되면 그녀를 지배하고 있던 고통과 슬픔은 순식간에 사라졌다. 하지만 그녀의 매달림에도 남자친구의 생각이 달라지지 않으면 그녀는 그에게 버림받았다는 생각에 자해를 했다.

혼자 있는 것을 참지 못하는 그녀는 외로움을 채워줄 다른 남자를 만나야 자해를 하지 않았다. 또 다른 누군가와의 관계의 시작은 충동적인 섹스였다. 충동적인 육체적 관계 뒤에야 정서적인 관계를 시작하기에 그녀의 대상관계는 항상 불안정할 수밖에 없었다.

위의 내담자는 초등학교 시절 우연히 아버지의 휴대폰을 보다가 아버지가 어머니가 아닌 다른 여성과 성적인 농담과 사진을 주고 받은 문자를 발견했다. 그녀는 고민 후에 어머니에게 그 사실을 알렸고 그 후에 부모님은 바로 이혼을 했다. 이혼을 통해 아버지와 멀어진 어머니는 딸인 그녀와도 멀어졌다. 어머니와의 관계가 냉랭해지면서 그녀는 부모님의 이혼이 마치 자신의 잘못인 것처럼 느껴져 어머니에게 죄책감을 갖고 살아왔다. 게다가 어머니에게 전적으로 순종했음에도 어머니의 행동은 좀처럼 예측할 수가 없었고 그녀는 혼나기 일쑤였다. 그리고 그녀의 내면에는 남자들을 언제든지 바람을 필수 있는 절대 믿을 수 없는 존재로 평가절하하면서도 동시에 지옥과 같은 삶에서 자신을 구원해줄 멋진 남자를 만나고 싶은 욕망이 점점 커져갔다.

개성화 과정에서 중요한 것은 타인과의 이상적인 거리감을 찾는 것이다

──── 유아가 엄마와의 공생관계에서 분리화되는 과정을 가장 잘 설명한 이론으로 현대 자아심리학자 마가렛 말러의 분석이 꼽힌다. 그녀의 주장에 따르면, 유아의 상태에서는 엄마의 정서적인 공감과 유아의 결핍에 대한 엄마의 충족을 통해 아기의 자아가 성장하게 된다고 한다. 아기는 엄마가 웃으면 따라 웃고, 엄마의 반응을 통해 자기 스스로 편안하게 하는 것을 배운다.

하지만 생후 5~6개월이 되면 엄마와 떨어지는 것을 불안해하는

데 이를 '분리불안(separation anxiety)'이라 한다. 하지만 아이가 성장하면서 두발로 움직일 수 있는 15~24개월이 되면 여기저기 주변을 돌아다니며 탐색하고, 점차 자율성이 생기기 시작하면서 엄마와 분리될 수 있다. 이때 아이는 엄마가 가까운 거리에 있음을 확인하려 다시 엄마에게 돌아오고 다시 분리됐다 돌아오기를 반복하면서 엄마에게서 떨어질 수 있는 물리적 거리를 점차 증가시켜본다. 시간이 흐르면 애착대상인 엄마는 아이의 마음속에 내재화되고, 꼭 눈에 보이지 않더라도 엄마에 대한 애착이 신뢰로 남아 있게 된다. 이를 '기본적 신뢰(basic trust)'라고 한다.

그래서 부모와의 안정된 애착관계가 있었던 아이는 점차 외부 사람들과도 안정된 애착관계를 형성하지만, 부모와의 불안정 애착관계가 있는 아이는 대인관계에서 과도한 불안으로 인해 불안정한 모습을 보이게 된다.

불안정 애착을 경험한 사람들은 타인에게서 친밀함을 기대하지만 애착대상으로부터 거절당하거나 자신의 기대와 달리 반응해주지 않으면 실망하고 불안해한다. 한편으로 자율성을 원하지만 자신이 사랑하는 대상이 어느새 사라질 거라는 불안감, 그리고 그와 함께 하지 못할 때 자신 또한 사라질 거라는 믿음 때문에 상대방을 놓아주지 못한다.

위 사례의 20대 여성은 남자친구와의 융합을 원하고 있었다. 마치 태아가 엄마의 뱃속에서 온전히 하나였을 때를 바라는 것처럼 말이다. 하지만 우리는 엄마의 뱃속을 나와 이 세상의 빛을 보고 살아가는 순간부터 독립적인 존재가 되어야 한다.

그녀의 증상을 볼 때 정신과적 용어로는 '경계성 인격장애(borderline personality disorder)'라 할 수 있다. 이는 애착 능력의 결함과 중요한 대상과의 분리시의 부적응적인 행동패턴, 감정의 불안정성이 주 증상인 인격장애를 말한다. 타인에게 버림받지 않기 위해 미친 듯이 노력하고, 자기 이미지 또는 타인의 이미지가 과대이상화 또는 과소평가로 극단을 오가기를 반복하기 때문에 심리가 매우 불안정하다. 이런 사람들은 만성적인 공허감 또는 불안정한 기분을 호소하면서 반복적으로 자해나 자살시도를 하게 된다. 어린 시절 버림받은 경험이 있거나 신체적, 성적 학대를 받은 경험들이 경계성 인격장애의 형성에 영향을 준다고 알려져 있다.

시계를 보면 큰바늘이 있고, 그리고 작은바늘이 있다. 큰바늘은 느리고 작은바늘은 빨라서 둘은 한 시간에 한 번 만나게 된다. 만약 둘을 계속 만나게 하려고 큰바늘과 작은바늘을 같이 빙글빙글 돌리면 시계는 결국 고장이 나고 만다. 이는 우리 인간관계도 마찬가지다.

우리는 살아가면서 큰바늘과 작은바늘이 되어 누군가를 만난다. 사랑에 빠지게 되면 남녀는 큰바늘, 작은바늘이 되어 서로 돌아간다. 하지만 불안정 애착관계였던 사람들은 상대방과 합쳐지고 결합하길 원한다. 무엇을 하든지 같이 해야 하고, 같이 공유해야 하고,

같이 결정해야 한다고 믿는다. 만약 상대가 독립적으로 행동하면 그것이 자신을 사랑하지 않기 때문인지 의심하며 상대방에게 집착한다.

하지만 큰바늘과 작은바늘을 억지로 만나게 하면 시계가 고장이 나는 것처럼, 결국 사랑도 고장이 나고 만다. 자연스러운 것은 톱니는 맞물리되 각자 알아서 돌아가는 것이다.

건강한 만남, 안정된 애착관계라는 것은 대상과 떨어져 있더라도 상대방에 대한 신뢰로 그와 분리될 수 있어야 한다. 그리고 분리되더라도 각자 알아서 잘 돌아갈 거라는 믿음이 있어야 한다.

또한 각자 눈앞에 상대방이 없더라도 내재화되어 있는 대상에 대한 믿음을 갖고 스스로의 자율감을 느끼며 자존감을 높일 수 있는 방법을 생각해보아야 한다. 그리고 분리된 시간에는 자신을 건강하고 행복하게 만들 수 있는 것에 관심을 두어야 한다.

이는 비단 남녀관계에 국한된 것이 아니라 나에게 의미 있는 사람들과의 관계에도 적용할 수 있다.

위 사례의 20대 여성은 치료가 시작되면서 나와의 관계도 마치 이전 남자친구들과의 관계처럼 행동했다. 처음 상담시간에 그녀의 아픔을 들어주고 이해해주자 치료자인 나에 대해 과대이상화해서 생각했다. 몇 번의 상담만으로 그녀의 기분은 좋아졌지만, 그간 불안정한 정서를 가지고 살아왔던 그녀의 삶을 감안할 때 일시적인 호전으로 보였다.

어느 날, 예약 시간보다 늦게 온 그녀는 자신의 속상한 감정을 오랜 시간 쏟아냈다. 나는 그녀의 감정 상태를 열심히 들어주었으나 그날은 늦어진 시간만큼 상담시간이 줄어들 수밖에 없었다. 나는 다른 예약환자의 상담이 밀려 있기 때문에 길게 할 수 없으며 다음 상담시간에 다시 이야기하자고 말했다. 그러자 곧바로 그녀의 얼굴이 굳어지더니 그녀는 진료실을 박차고 나가버렸다. 화가 난 그녀는 데스크의 간호사를 붙잡고 병원 진료 예약 시스템에 대한 불만과 개인의 상황을 고려해주지 않는 일방적인 병원 방침에 대해 불만을 쏟아냈다. 그런 상황은 수많은 경계성 환자들을 치료하면서 벌어지는 일반적인 상황이기에 놀랍지는 않았지만 그녀의 치료를 위해서는 그녀가 다음에 찾아오면 그간의 벌어진 상황을 다루는 것이 치료 과정에 포함되어야 했다. 그래서 다음 상담시간에 저번에 했던 그녀의 행동부터 이야기했다.

　"지난번 제 말에 화가 많이 나셨나요?"

　"네! 그렇죠. 저는 이 치료를 받기 위해서 퇴근도 서두르면서 오는데, 선생님은 저를 전혀 특별하게 생각하지 않는 것 같았어요. 제가 지금 의지하고 기댈 사람이 선생님밖에 없는 걸 아실 텐데 정신과 의사도 돈을 벌어야 하니까 어쩔 수 없는가 보죠?"

　그녀는 나를 향해 노골적인 비난을 하고 있었다. 그러나 그녀가 겪고 있는 마음의 병을 생각하면 그 감정을 이해할 수 있었다. 내가 그녀와의 상담시간을 제한한 것이 그녀에게는 자신을 거부하는 것처럼 느껴졌던 것이다.

"퇴근 후에 정신과에 온다는 것 자체가 큰 수고가 필요한데 제가 상담을 짧게 끝내는 것에 많이 속상하셨나 보네요. 그래요, 충분히 그럴 것 같아요. 하지만 제게는 다른 환자분과의 약속도 중요합니다. 당신과의 약속시간을 제가 비워놓고 기다린 것처럼요."

나는 그녀와 함께 그녀의 감정을 조금씩 들여다보고, 그리고 그런 상황에서 느꼈을 치료자의 감정을 보여주면서 그녀와의 오해를 푸는 작업을 했다.

그녀는 자신과 나의 관계를 융합시키지 않아도 분리되지 않는다는 사실을 경험해야 했다. 이전 같았으면 병원을 옮기거나 또 다른 치료자를 향해 매달리고, 이전 치료자인 나를 비난하고 있었을 것이다. 하지만 나는 그녀에게 그녀가 원하면 언제든지 상담을 할 수 있으며, 언제든지 도와줄 수 있다고 알려주었고, 동시에 그녀와 분리해서 치료자인 나의 역할을 인정해주고 존중해주어야 한다고 설명했다. 이런 과정을 통해서 그녀 마음속의 내적 대상인 내 모습이 안정적으로 자리잡게 되었고 안정적 애착이 형성되었다.

정신분석의 대가인 카를 융도 개인의 자아성찰, 개성화 과정에서 가장 어려운 작업이자 중요한 것이 사람들과 거리를 두는 것이라고 말했다. 부모, 딸, 아들, 남편, 아내, 이웃, 선생님 등 다양한 관계 속에서 수많은 시행착오를 통해 관계 속의 최적의 거리를 찾아가는 작업이 개성화 과정에서 가장 중요한 것이다.

우리는 살아가면서 매일 대상과 분리되는 연습, 그리고 대상과 적당한 거리를 두는 연습을 해야 한다. 매일의 연습을 통해 다른 사람에게 의지만 했던 불안정한 내 모습이 아닌 내 존재 자체만으로도 행복하고 온전하다고 느낄 때, 사람들과 더불어 행복하고 풍요로운 삶을 살 수 있게 된다.

단단한 자존감 만들기

남들의 평가에 집착하는 유학생

——— "선생님! 저 잠 좀 오게 해주세요."

한번은 세련된 외모의 한 여성이 찾아와 말했다. 그녀는 선글라스를 낀 채 신경이 매우 날카로워져 있었다. 잠을 잘 자지 못한다며 수면제를 달라고 요청했다. 일반적으로 불면증은 성인의 1/3이 호소할 정도로 흔하지만, 불면증으로 인해 일상생활에 심각한 장애를 주는 경우는 6~10% 정도에 이른다. 불면증이 단독으로 나타나는 경우보다는 대부분 우울증이나 불안장애의 증상으로 동반될 확률이 높기 때문에 나는 그녀에게 몇 가지를 추가로 물어보았다.

"요즘 기분은 어떠셨어요?"

"뒤죽박죽이에요. 기분이 롤러코스터 타는 것처럼 왔다 갔다 해요. 친구들이 저보고 조울증 있는 거 아니냐고 할 정도죠. 뭔가 문제가 있기는 한 거 같은데 뭔지 잘 모르겠어요."

불면증의 문제로 찾아온 그녀가 그제야 선글라스를 벗었다. 그녀는 내 시선이 신경이 쓰이는 듯 계속 손으로 머리를 넘기거나 열 손가락에 낀 반지들을 쉬지 않고 돌리기 시작했다.

"불안하세요?"

"네. 저는 사람들과 눈을 잘 못 마주치겠어요. 그들이 제 외모를 보고 한마디씩 할 것 같아서요."

그녀는 사춘기 시절 미국에서 학창 시절을 보냈다. 체구가 다소 통통한 편이었지만 외모로 인해 주눅이 들 때는 별로 없었다. 그곳에서는 남 일에 신경 쓰는 사람이 없었기 때문이다. 그녀는 남들과의 비교 없이 즐거운 시절을 미국에서 보내고 취업을 위해 한국으로 돌아왔다. 그런데 문제는 이때부터 시작되었다. 오랜만에 만난 친구들은 하나같이 그녀의 외모를 지적하기 시작했다. "너 왜 이렇게 살이 쪘어? 외모에 신경 좀 써!"

만나는 사람들마다 자신의 안부보다는 외모의 변화에 관심이 많았고 자극적인 말들을 쏟아냈다. 거기에 취업도 마음대로 되지 않자 그녀는 자신감이 곤두박질쳤다. 그녀는 '이게 다 나의 살찐 모습 때문인가?'라고 생각하며 그때부터 온갖 다이어트약을 먹기 시작했다. 다이어트약은 곧바로 효과를 보이기 시작했다. 일단 식욕이 생기지 않고, 잦은 복통으로 화장실 출입이 잦았다. 몸무게는 원하는 대로 감량되기 시작했다. 두 달 동안 10kg 이상을 감량했으니 다이어트에 성공한 것이다. 주변 사람들도 그녀에게 날씬해졌다고 칭찬하기 시작했다. 그러나 그녀는 그 칭찬이 마냥 기분 좋게 들리지 않았고, '도대체 이런 짓을 언제까지 계속 해야 하나?'라고 생각했다.

더욱이 다이어트약의 부작용이 나타나기 시작했다. 다이어트약을 복용하고 난 이후로 불면증에 시달렸고, 기분이 하루에도 수시로 변하고 짜증이 늘었다. 그녀는 불면증을 잡기 위해 정신과에 가서 수면제를 처방받았다. 처음에는 한 알만 먹어도 잠이 잘 왔지만, 몇 주가 지나자 내성이 생기더니 더 이상 잠이 오지 않았다. 그리고 수면제를 복용하는 양이 점점 늘어났다. 그러자 다시 불면과 예민함은 커다란 스트레스로 다가왔고 결국 폭식증으로 이어졌다. 결국 체중은 빠진 체중에서 다시 15kg 이상 늘어났다. 그러고는 다시 깊은 우울감과 절망에 빠지기를 반복했다.

이때부터 그녀에게는 최악의 상황이 반복되었다. 살을 빼기 위해 다이어트약을 먹고, 다시 부작용으로 불면증과 기분의 업다운이 생기고, 정신과에 가서 이름 모를 불면증약들을 타오고, 폭식증으로 이어졌다. 그녀는 출구가 없는 뫼비우스의 고리를 돌면서 몸과 마음이 모두 피폐해졌다.

나라는 존재의 참모습은 페르소나를 포함한
내면의 인격이다

──────── 정신적인 질병 중에 신체 외모에 대한 집착으로 '거식증(anorexia nervosa)'과 '신체변형장애(body dismorphic disorder)'가 있다.

거식증은 잘 알려져 있듯이 자신의 몸무게에 대한 왜곡된 인지가 있고, 체중이 증가하는 것에 대한 극심한 공포가 있는 것이다. 그래서 거식증에 걸린 사람들은 음식을 강박적으로 회피하고, 굶거나 강박적으로 운동을 하는 행동을 한다. 하지만 왜곡된 인지는 우울증, 조울증과 같은 기분장애를 동반하며, 거식증의 50%는 자살로 사망한다는 보고가 있다.

신체변형장애는 정상 외모를 가진 사람이 자신의 외모에 대해 상상으로 추형, 이형, 결손 등 문제가 있다고 보는 생각 또는 사소한 외모의 문제를 과장되게 변형된 것으로 보는 생각이 강박적으로 일어나는 것을 말한다. 자신의 얼굴이 비대칭이라고 생각해서 심각하게 생각한 나머지 성형외과를 전전하다가 결국에는 잦은 성형수술로 인해서 외모가 부자연스럽게 변하기도 한다.

미국의 위스콘신 대학교의 연구에 따르면, 성형수술을 자주하는 성인은 어린 시절 직·간접적인 학대에 시달렸을 가능성이 높고, 정신적 외상이 있는 사람일수록 신체변형장애를 가질 확률이 높다고 한다. 미에 대한 강박과 자신의 외모에 대한 집착은 사실 낮은 자존감과 자아의 불안정한 형성에서 비롯된다고 볼 수 있다.

위의 내담자의 이야기를 듣고 나서 나는 "그동안 참 많이 힘드셨겠어요"라고 말했다.

그러자 그녀의 눈에 눈물이 고였다. 자신은 한국에서 살고 있지만 한국인도 아니고, 미국에서 살았지만 미국인도 아니라고 말했다. "저는 항상 어디를 가나 이방인이에요."

움베르토 에코는《미의 역사》에서 다음과 같이 말했다.

"아름다움에 대한 판단은 객관적인 것인가, 아니면 순전히 개인의 취향을 드러내는 주관적인 것인가? 다시 말해 미는 사물의 객관적인 성질인가, 아니면 사물을 바라보는 관찰자의 주관적인 판단에 근거한 것인가? 거의 모든 사람이 인정하는 위대한 예술 작품이 분명히 존재한다는 사실을 생각하면 미는 객관적인 듯하지만, 또한 무엇을 좋아하고 싫어하는 것은 단순히 호불호의 문제일 뿐 타인의 취미를 잘못된 것이라고 말할 수 없는 점을 생각하면 미는 주관적인 것처럼 보이기 때문이다. 더군다나 무엇을 아름다운 것으로 판단하는가는 시대와 문화에 따라 다르다는 것을 우리는 알고 있다."

위의 내담자는 아름다움의 기준을 철저하게 타인의 기준에만 맞춘 채 자신의 주관적인 기준은 살펴보지 않았다. 그리고 중요한 사실은 타인의 미의 기준에 신경 쓰지 않고 살았던 그녀의 이전의 삶은 행복하고 자유로웠다는 점이다.

그녀와 이런저런 이야기를 나누면서 그녀가 미국에서 친구들과 육상 운동을 할 때 행복해했다는 사실을 알게 되었다. 그때는 누구보다도 자신감이 넘쳤다고 한다. 그녀는 지난 시절의 추억에 빠지면서 모처럼 행복한 모습을 보였다.

나는 그녀를 격려해주었다. "걱정하지 마세요, 당신은 예뻐요. 당신 나름의 매력과 아름다움을 지니고 있는 걸요. 앞으로는 그것에 주목해 보세요."

상담기간 동안 불면증과 불안정한 기분도 점차 안정을 되찾으며 그녀는 자신의 외모에 대한 불편감도 조금씩 수용하기 시작했다. 외모는 달라진 게 없는데 한국과 미국에서의 평가가 달랐다면 그건 자신의 문제라기보다는 환경의 문제일 수 있다. 우리나라 고유의 외부의 시선을 중요시하고 체면을 중요시하는 문화의 피해자가 비단 그녀뿐만이 아니다. 강남에 즐비한 성형외과가 우리사회의 단면을 그대로 보여주고 있다.

건강하고 건전한 정신을 갖고 있다면 이목구비가 굳이 미인이 아닐지라도, 그리고 텔레비전에서 보는 44사이즈의 몸매가 아니어도 괜찮다. 내면이 아름다운 사람은 사람들에게 더 큰 감동을 주기 때문이다.

만약 당신이 외모에 집착하고 있다면 그것은 낮은 자존감의 결과라고 할 수 있다. 그러므로 근본적인 자존감을 높이게 된다면 외모에 집착하는 일은 줄어들 것이다. 위 사례의 여성은 자존감은 곧 외모에서 온다고 생각했기 때문에 자존감을 높이기 위한 다른 시도는 하지 못했다.

그럼 자존감의 정의는 뭘까? 자존감의 정의가 자기(Self)를 존중하는 마음이라고 단순히 생각해보자. 그렇다면 '자기'라는 것은 무엇인가? 많은 사람이 '나'라고 이야기하지만 사실 내가 스스로 평가하는 진짜 나인가 아니면 타인이 평가하는 가짜 나인가?

'자기'라는 것은 참된 나를 의미하며 그 사람의 인격 전체, 있는 그대로의 전체를 의미한다. 나라는 존재는 외적인 인격과 내적인 인격을 갖고 있다. 앞서 말한 외모를 비롯해, 학벌, 직업 등등은 외적인 인격 '페르소나(persona)'를 말한다. 페르소나의 어원은 고대 그리스 시대 연극에서 배우들이 쓰던 가면을 의미한다. 진짜의 모습을 가리는 가면은 실은 나의 참다운 생각이 아니라, 타인에게 그렇게 보이기를 원하는 모습으로서 남들의 생각, 가치에 영향을 받은 것이다. 반대로 내적인 인격은 보이지도 않고 알 수도 없는 무의식이라는 끝없는 망망대해에 존재하는 보편적이고 원초적인 인격으로서 분석심리학에서는 '그림자(shadow)' '아니마(anima)' 혹은 '아니무스(aminus)'로 명명한다.

인간의 발달 과정에서 외적 인격인 페르소나의 발달은 반드시 필요하다. 하지만 페르소나의 발달에서 그친다면 인간 전체의 발달이라고 볼 수 없다. 쉽게 말하면 자존감이 형성되다가 말았다고 볼 수 있다. 자존감의 온전한 형성을 위해서는 내적인 인격의 발달도 함께 이루어져야 한다. 페르소나를 벗어버리고 자신의 무의식을 들여다봄으로써 내적인 욕망과 갈등을 인지하고 구별하면서 정말로 자신이 원하는 소망을 실현해나가는 것이 무엇보다 중요하다. 그 작업은 쉽지도 않고 간단하지도 않으며 한순간에 이루어지지 않는다. 그래서 '자기'로 살아가기 위한 노력을 평생 해야 한다. 무엇보다 자기로 살아가는 것은 큰 용기와 인내가 필요하다.

자존감을 만들어가는 과정은 완성된 그림이나 목표가 아닌 퍼즐을 하나하나 맞춰가는 과정이기에 우리는 그것을 평생 지속해야만 한다.

나를 인정하고 사랑하는 연습

아버지의 인정 부재로 판타지에 빠진 변호사

──────── 40대 중반의 한 남성이 나를 찾아왔다. 그는 최근에 무리한 주식투자로 몇 억의 손해를 본 뒤 감당이 안 되는 빚과 사랑하는 가족들의 비난을 견디기 힘들어 자살 충동이 조절되지 않아서 찾아온 것이다.

그는 알코올 중독이었던 아버지 밑에서 가난한 환경 속에서 자랐다. 술만 먹으면 난폭해지는 아버지는 어머니에게 폭력을 행사했다. 부모님의 다툼을 지켜볼 때마다 어린 그는 두려움과 슬픔에 울음을 터트리곤 했다. 한번은 아버지가 울고 있는 그에게 "사내 녀석이 울긴 왜 울어? 남자답지 못한 놈 같으니라고!"라고 소리치며 그의 뺨을 때렸다. 그 후로 그의 마음속에는 아버지에 대한 미움과 분노가 가득 찼고, 약한 모습을 보이지 않기 위해 노력했다.

그는 어렸을 때부터 상상을 많이 했다. 가난하고 암울한 현실이지만, 밤마다 라디오에서 흘러나오는 음악을 들으며 위로를 받았다. 지금보다 더 나은 인생을 살 수 있다는 꿈을 꾸며 외롭지만 열심히 공부했다. 결국 그는 사법고시에 통과했고 변호사가 되었다. 하지만 아버지는 마음속으로는 기뻐했을지 몰라도 그의 면전에서 그를 칭찬하는 일이 거의 없었다. 다만 집안의 대소사가 있을 때는 아들의 이름으로 친척들에게 화환을 보내는 것을 좋아했다.

그가 힘든 조직생활에 지쳐 검사직을 내려놓고 변호사로 개업했을 때도 아버지는 그를 탐탁지 않게 여겼다. 검사직을 내려놓겠다고 아버지에게 이야기했을 때 아버지는 "남자답지 못하게 그런 것쯤 하나 참지 못하냐?"라고 말했다. 아버지의 대답을 듣는 순간 그는 정말 아버지를 죽이고 싶다는 생각에 사로잡혔다. 아버지가 원하는 대로 판검사가 되었음에도 불구하고 또 다른 꼬투리를 잡아 자신을 깎아내리는 아버지를 도저히 용서할 수가 없었다. 그날 이후로 그는 아버지를 보고 싶지 않아 고향에 거의 내려가지 않았다.

"아름다운 섬을 보면 그 섬을 가지고 싶다는 생각이 먼저 들어요. 그 섬을 아름답게 꾸며놓고 어렵고 불쌍한 사람들이 행복할 수 있는 공간을 만들어주고 싶어요. 그렇게 하기 위해 제가 돈을 많이 벌어야 했어요."

그는 자신이 누리고 있는 환경에 만족하지 못하고 좀 더 판타스틱한 삶을 날마다 꿈꾸었다. 변호사라는 직업을 가진 그는 그 자체로도 사회적인 명예와 괜찮은 수입을 올렸음에도 좀 더 대단한 사람이 되고 싶어 했고, 누군가의 인정을 갈망했다. 그의 인정에 대한 조바심은 결국 주식에 대한 무리한 투자로 이어졌다. 그러나 주식의 폭락으로 섬을 살 수 있을 거라는 그의 몽상은 물거품이 되었다.

가족들은 그런 그의 행동을 전혀 이해할 수가 없었다. 가족이 아니더라도 어느 누가 그의 행동을 이해할 수 있겠는가? 치료자인 내가 봐도 그렇게 논리적인 사람이 그런 상상을 한다는 것이 현실성이 한참 떨어진다고 느껴질 정도였다.

"이게 다 누굴 위해서인데요. 가족들을 하루빨리 더 행복하게 해주고 싶어서였어요. 하지만 그들은 나를 이해하지 못하고 나를 비난하기만 해요."

매달 독촉하는 대출이자는 월급의 절반 수준으로 늘어났고, 가족들의 생계는 어려워졌다. 그는 경제적으로 어려운 것은 참을 수 있었다. 예전에도 가난한 환경에서 커왔기 때문이다. 하지만 사랑하는 아내의 그를 향한 투정은 그를 미치도록 괴롭게 했다. 아내의 투정이 그에게는 비난으로 들렸기 때문이다. 그래서 그는 사랑하는 아내에게 분노의 말들을 쏟아내며 상처를 주었다.

그와 상담을 하다 하루는 그의 꿈을 다루게 되었다. 그는 꿈속에서 영화 〈반지의 제왕〉의 캐릭터인 골룸을 보았다. 내가 골룸에서 연상되는 것이 없냐고 묻자 그는 처음에는 골룸의 모습이 자신의 모습처럼 느껴진다고 했다. 내가 더 연상되는 것은 없냐고 물으니 그는 말하기를 주저하더니 어렵게 대답했다.

"사실 처음 꿈에서 골룸을 보았을 때 늙은 아버지의 초라해져버린 모습이 떠올랐어요. 하지만 그 생각을 하자마자 동시에 마음에 불편함이 올라왔어요. 아버지를 골룸이라는 괴물로 만들어버리고 싶어 하는 내 마음이 두려워요."

영화 속 골룸은 절대적인 힘을 내포하고 있는 반지 앞에서 스미골이라는 원래의 선한 인격과 절대 힘을 가지고자 하는 욕망을 드러내는 악한 인격 골룸의 내적인 분열상을 보여준다. 어쩌면 영화 속 골룸처럼 그도 착하고 선한 아들로 남아서 아버지께 인정을 받고 싶은 마음과 다른 한편에는 막강한 힘을 가짐으로써 한평생 가난하게 살았던 아버지를 무시하고 짓누르고 싶은 마음이 있었는지도 모른다.

"○○님에게는 아내의 조그만 불평도 ○○님을 향한 비난으로 들리는 것처럼 보이네요. 그건 어쩌면 아버지가 당신에게 했던 비난과 연결되는 것 같아요."

내 말을 듣는 순간 그는 한동안 말을 꺼내지 못했다. 그리고 안경을 벗고 눈물을 흘리기 시작했다.

나에게 가장 큰 사랑을 줄 수 있는 존재는
바로 자신이다

──────── 그는 '부성 콤플렉스'를 갖고 있었다. 자기중심적이고 공감하지 못하며 모순투성이인 아버지 밑에서 컸던 그는 항상 수치심과 모멸감을 느끼며 살았다. 하지만 절대적인 권력을 가지고 있는 아버지로부터 인정을 받고 싶어 하는 욕구는 시간이 흐르면 흐를수록 작아지기는커녕 커져갔다.

부성 콤플렉스를 가진 사람들은 다른 남성들로부터 인정을 받으려는 욕구가 크고, 남자들끼리 강한 경쟁적인 태도를 보이거나 또는 아예 경쟁하는 자리를 피하고 싶어 한다. 왜냐하면 경쟁에서 지거나 뒤처지는 것은 아주 고통스러운 기억을 자극하기 때문이다. 예를 들면 아버지의 비난이 따르는 고통스러운 기억 등이다.

오래전부터 비판하는 아버지의 목소리가 그에게 내면화되어 있기 때문에 그는 어떤 일을 해도 만족할 줄 모르고 늘 자기 자신에게 엄격하고 자신을 평가절하했다. 그는 현실에서 만족하지 못하기에 늘 판타지를 좇으며 안절부절못하는 모습을 보였다.

나는 그에게 아버지의 인정을 받지 못해도 자기만의 길을 걸어가는 것이 중요하다고 조언했다. 어찌 보면 그는 씨를 뿌리는 사람과 비슷했다. 이제까지는 조바심과 불안감 때문에 씨에서 싹도 나기 전에 인정이라는 거름이 없으면 그는 이내 다른 장소로 옮겨갔다. 싹을 틔우더라도 관리해주지 못해 싹은 말라 죽기 십상이었다. 나는 그에게 다시 씨를 뿌리기를 제안했다. 다만 이번에는 인정이라는 거름을 외부에서 찾지 말고 내면에서 찾도록 조언했다.

우리는 나르시시즘을 자아도취에 빠진 자만심 정도로 생각하지만, 살아가면서 어느 정도의 나르시시즘은 필요하다. 나르시시즘 (narcissism)은 그리스 신화의 나르키소스(narcissos)가 샘에 비친 자신의 아름다운 모습에 도취되어 있다가 결국 물에 빠져 죽게 된다는 이야기에서 유래한 것으로 자기 자신을 사랑하고 존중하는 마음으로 볼 수도 있다. 자기애성 인격장애, 조현병 등과 병적인 나르시시즘은 문제가 있지만, 자기를 너무 사랑하지 않고 인정하지 않는 나르시시즘의 부재도 문제가 될 수 있다. 건강한 나르시시즘은 자신의 있는 그대로를 사랑하고 받아들이고 인정하는 것이다.

작은 실수를 했다고 하더라도 이전에 최선을 다하고 수고한 자신을 믿어주자. 부족한 부분으로 스트레스를 받는다 할지라도 다른 잘하는 부분이 있어 감사하자. 나를 미워하고 싫어하는 사람들이 있다고 할지라도 내가 있어 행복하고 즐거워하는 사람들도 있다는 사실을 기억하자.

나를 진정으로 사랑하는 사람만이 다른 사람들도 내 삶 속에 받아들이고 인정할 수 있다.

국내 참고 도서 및 자료

- 《최신정신의학 제6판》, 민성길 지음, 일조각, 2015.
- 《분석심리학》, 이부영 지음, 일조각, 개정증보판, 2011.
- 《대상 관계 이론을 중심으로 쉽게 쓴 정신 분석 이론》, 최영민 지음, 학지사, 2010.
- 《쉽게 쓴 자기심리학》, 최영민 지음, 학지사, 2011.
- 《애착 장애로서의 중독》, 필립 플로레스 지음, 김갑중 옮김, NUN, 2010.
- 《사랑의 기술》, 에리히 프롬 지음, 시사영어사, 1989.
- 《네 가지 사랑》, C. S. 루이스 지음, 이종태 옮김, 홍성사, 2005.
- 《얼굴 빨개지는 아이》, 장 자끄 상뻬 지음, 김호영 옮김, 열린책들, 1999.
- 《변신》, 프란츠 카프카 지음, 전영애 옮김, 민음사, 1998.
- 《지킬 박사와 하이드》, 로버트 루이스 스티븐슨 지음, 박찬원 옮김, 펭귄클래식 코리아, 2012.
- 《심리를 조작하는 사람들》, 오카다 다카시 지음, 황선종 옮김, 어크로스, 2013
- 《행복의 조건》, 조지 베일런트 지음, 이덕남 옮김, 이시형 감수, 프런티어, 2010.
- 《미의 역사》, 움베르토 에코 지음, 이현경 옮김, 열린책들, 2005.
- 《죽음과 죽어감》, 엘리자베스 퀴블러 로스 지음, 이진 옮김, 이레, 2008.
- 《세계의 사상》, 고영복 지음, 사회문화연구소, 2002.
- 《너 이런 경제법칙 알아?》, 이한영 지음, 21세기북스, 2016.
- 〈Psychoanalysis 2021 - 반복적 자해의 정신역동적 이해〉, 홍수민, 하지현 지음, Vol. 32(1), pp11~20

해외 참고 도서 및 자료

- Benjamin J. Sadock, M.D. Virginia A. Sadock, M.D.(2007): Kaplan & Sadock's Synopsis of Psychiatry : Behavioral Sciences/Clinical Psychiatry. Lippincott Williams & Wilkins. Philadelphia, PA 19106 USA. 10th Ed.

- American Psychiatric Association(2013): Diagnostic and statistical manual of mental disorder. 5th ed. Washington, D.C. London , England.

- Jung, C.G.(1916): The collective works. Translated by RFC Hull, Routledge & Kegan Paul, London.

- Von Franz ML(1993): "Some Aspects of the Transference", Psychotherapy, Shambhala, Boston & London, pp238~255.

- Freud S.(1923) : The ego and the Id, In the standard edition if the complete psychological works of Sigmund Freud, Strachey J, ed., Vol.19,1961, The Hogarth Press, London.

- Erikson E.(1950): Childhood and society: W.W. Norton, New York.

- Klein M(1932): The Psycho-Analysis of Children. London: Hogarth.

- Mahler MS, Pine F, Bergman A.(1975). The Psychological Birth of the Human Infant. New York: Basic Books.

- Zimbardo, P.G.(2007). The Lucifer Effect: Understanding How Good People Turn Evil. New York: Random House.

- Klomek AB, Sourander A, Elonheimo H.(2015): Bullying by peers in childhood and effects on psychopathology, suicidality, and criminality in adulthood. Lancet Psychiatry. Volume 2, Issue 10, pp930~941.

- Salmon, G., A. James, and D.M. Smith.(1998): Bullying in School: Self Reported Anxiety, Depression, and Self Esteem In Secondary School Children. BMJ 317:924.

- Spitz R.(1945). Hospitalism: an inquiry into the genesis of psychiatric conditions in early childhood. Psychoanalytic Study of the child1, pp53~73.

- Spitz RA.(1965): The first year of life: A psychoanalytic study of normal and deviant development of object relations. New York: International Universities Press.

- Winnicott, D.W.(1960): The Theory of the Parent-Infant Relationship, Int J Psychoanal 41, pp585~595.

- Bowlby J.(1969): Attachment and Loss. Vol 1: attachment, New York: Basic Books.

- Harlow HF, Harlow MK.(1962): Social deprivation in monkey, Sci Am 207, pp136~146.

- Galley, M. (2003). Student self-harm: silent school crisis. Education Week: American Education's Newspaper of Record, December 3.

《심리학으로 읽는 그리스 신화》의 저자
정신과 전문의 김상준 원장이 30여 년 동안 진료실에서 만나온
우리 마음들을 통해 내 마음을 진단해보고,
감정을 조절하는 마인드 솔루션

태국
수출 도서
절찬리 판매중

나를 인정하고 사랑하는 것은 마음치유의 시작입니다

나를 들여다보는 마음수업

초판 1쇄 발행 2023년 6월 23일
초판 5쇄 발행 2024년 10월 28일

지은이 이선이
펴낸곳 보아스
펴낸이 이지연
등 록 2014년 11월 24일(No. 제2014-000064호)
주 소 서울시 양천구 목동중앙북로8라길 26, 301호(목동) (우편번호 07950)
전 화 02)2647-3262
팩 스 02)6398-3262
이메일 boasbook@naver.com
블로그 http://blog.naver.com/shumaker21
유튜브 보아스북 TV

ISBN 979-11-89347-18-5 (03180)

ⓒ 보아스, 2023